CRIME TRIBUTÁRIO

Um Estudo da Norma Penal Tributária

CARLOS HENRIQUE ABRÃO

CRIME TRIBUTÁRIO

Um Estudo da Norma Penal Tributária

4ª edição

MALHEIROS
EDITORES

CRIME TRIBUTÁRIO
Um Estudo da Norma Penal Tributária

ISBN: 978-85-392-0296-6

Direitos reservados desta edição por
MALHEIROS EDITORES LTDA.
Rua Paes de Araújo, 29, conjunto 171
CEP 04531-940 — São Paulo — SP
Tel.: (11) 3078-7205 – Fax: (11) 3168-5495
URL: www.malheiroseditores.com.br
e-mail: malheiroseditores@terra.com.br

Composição
Acqua Estúdio Gráfico Ltda.

Capa
Criação: Vânia L. Amato
Arte: PC Editorial Ltda.

Impresso no Brasil
Printed in Brazil
03.2015

Prefácio à 2ª Edição

A 1ª edição deste livro contou com prefácio do professor IVES GANDRA DA SILVA MARTINS, e isto é mais que suficiente para se concluir que se trata de obra muito bem qualificada. Tanto que considero inteiramente dispensável este "Prefácio", subscrito por quem não passa de um modesto aluno do autor CARLOS HENRIQUE ABRÃO e do professor SILVA MARTINS.

O autor, Dr. CARLOS HENRIQUE ABRÃO, é Juiz Titular no Estado de São Paulo, e por isso mesmo tem a prática que lhe permite dominar os temas jurídicos em geral. É Doutor em Direito pela Universidade de São Paulo/USP, seguramente uma das melhores se não a melhor do País, o que o qualifica também no plano doutrinário como conhecedor da Ciência do Direito. E tem especialização em Paris, talvez o centro cultural de maior destaque no mundo atual – título que o coloca seguramente entre os nossos mais destacados juristas.

Seu livro é de grande importância, posto que consubstancia o ponto culminante da pressão estatal sobre os contribuintes, consistente na criminalização do ilícito tributário como forma extremada do uso do poder político-jurídico pelo Estado para ameaçar com penas prisionais, cumuladas com as penas patrimoniais de valor exorbitante que pode aplicar na via administrativa, vale dizer, sem necessidade de ir ao Judiciário.

Como afirma o professor SILVA MARTINS no "Prefácio" à 1ª edição deste *Crime Tributário*, CARLOS ABRÃO reúne conhecimentos do tributarista e também do penalista. Ele "tem o mérito, por ser especialista em ambas as áreas, de apresentar texto consistente, tanto nos aspectos penais quanto nos tributários, sendo, só por este prisma, de valor inquestionável".

O livro está dividido em sete capítulos. Começa com o estudo da "Visão da Legislação Penal Tributária", prossegue estudando o "Procedimento Administrativo e o Tributo", os "Delitos Tributários Específicos", e não fica apenas no direito material, estudando também "Ação Penal e Procedimento". Estuda também a "Responsabilidade Penal Tributária", e conclui sua doutrina com o estudo da "Contextualização do Crime Tributário". No sétimo e último capítulo o livro se completa com a transcrição de diversos acórdãos, manifestação da "Jurisprudência" sobre questões concretas concernentes aos crimes contra a ordem tributária.

Com a 1ª edição levada ao público em 2007, em pouco tempo a obra já é objeto de uma 2ª edição, o que confirma solenemente o prestígio do autor e a qualidade do livro. E corrobora a previsão feita por SILVA MARTINS no "Prefácio" à sua 1ª edição, quando afirmou que: "O livro deverá, pois, ter excelente carreira editorial, não só pela qualidade do autor e diversidade da obra, mas também pela indiscutível atualidade da matéria escolhida como objeto das reflexões do jurista Carlos Henrique Abrão".

Realmente, o tema *Crime Tributário* tem inigualável importância, teórica e, sobretudo prática, sendo seu estudo absolutamente indispensável aos que lidam com o Direito, em qualquer de suas múltiplas áreas.

Fortaleza, 24 de setembro de 2008

HUGO DE BRITO MACHADO

Sumário

Capítulo 3 – Delitos Tributários Específicos

Capítulo 4 – Ação Penal e Procedimento

Capítulo 5 – Responsabilidade Penal Tributária

Capítulo 6 – Contextualização do Crime Tributário

Apresentação à 4ª Edição

O conteúdo pioneiro de uma legislação disciplinando o crime tributário veio traduzido por intermédio da Lei 8.137/1990 – portanto, há mais de duas décadas, com as modificações e adaptações normativas.

Mais de perto, a Lei 12.382/2011 demonstrou que qualquer iniciativa do contribuinte exige, antes de tudo, que a denúncia não se revele recebida, marco temporal para eficácia da liquidação da obrigação tributária e respectivo ilícito penal.

As inúmeras alterações visando à concessão e ao refinanciamento das dívidas também têm repercussão na ótica do crime tributário, isto porque o contribuinte pretende saldar suas obrigações porém com eliminação dos encargos, notadamente das multas elevadas.

Diagramadas a questão e sua influência na esfera do ilícito penal tributário, a Súmula 24 do STF, de natureza vinculante, sinalizou que qualquer tipificação exige a definitiva constituição do crédito tributário.

A doutrina alargou o enfrentamento do tema; ao mesmo tempo, a jurisprudência fez sentir a essencialidade da caracterização do crime tributário, apreciando, muitas vezes, *habeas corpus* para trancamento do inquérito ou soltura do contribuinte custodiado.

Embora a Lei 12.382/2011 tenha sido o modelo de alteração do próprio salário-mínimo, não há qualquer declaração quanto à sua inconstitucionalidade em termos da modificação dos efeitos do pagamento do tributo.

Significa dizer que o contribuinte apenas terá reflexo se fizer o pagamento antes de recebida a denúncia ou submetido ao regime do parcelamento, por meio do REFIS, Lei 12.865/2013, privilegiando o recolhimento da obrigação tributária em atraso, mais precisamente de empresas.

A carga tributária mostra exaurimento, porém o Estado não pode esmorecer no propósito da arrecadação em prol do Fisco, em razão da Lei de Responsabilidade Fiscal, da dívida pública e do próprio superávit primário.

Vislumbrada a circunstância e seu perfil inserido pela legislação, que alterou a extinção da punibilidade e modelou o parcelamento da dívida tributária, temos inaugurado uma nova etapa, a qual, emblematicamente, pontua a ideologia do modelo e a responsabilidade penal tributária do contribuinte, na tipificação do Diploma Normativo 8.137/1990.

Repagina-se a interpretação no aspecto da solução prática do pagamento ou do parcelamento, funcionando como meio de pressão, efeito psicológico, para o pagamento pelo contribuinte.

As empresas, já combalidas pela crise da economia global, têm um novo desafio pela frente, qual seja: rearranjos de engenharia para planejamentos tributários e acertamentos, colimando transparência e, acima de tudo, submissão à legislação em vigor.

Carlos Henrique Abrão
Desembargador do TJSP

Apresentação à 3ª Edição

Enveredando pelo árduo campo do ilícito tributário, repaginando e atualizando o assunto, com o Diploma Normativo 11.941, de 27.5.2009, o chamado REFIS 4, da Crise, reportado à Medida Provisória 449/2008, contemplando do art. 67 ao art. 69 disposições acerca do tema, vimos a necessidade de revisão e ampliação do instituto.

Com razão, não podemos descurar das reformas implementadas no processo penal, com maior agilidade, unicidade na colheita da prova, exclusão daquelas ilícitas, a mudança da classificação do delito, aspectos sugestivos que se incorporam ao delito tributário.

A grande preocupação do legislador está centrada no lema da arrecadação. Assim, o ilícito tributário é um meio de se alcançar o fim, qual seja, o de impelir ao contribuinte pressão psicológica para o recolhimento do valor da obrigação tributária.

Concretamente, agora com o prazo alargado de 15 anos para o refinanciamento da dívida tributária, maior a probabilidade de seu descumprimento, mas o Fisco sempre se mostra atento e comprometido à caracterização da infração penal.

Não podemos esquecer as medidas que se propõem à reforma da legislação, não apenas da Lei de Execução Fiscal (n. 6.830/1980), mas substancialmente pela figura da transação penal e a expectativa de subsumir o delito à esfera de prestação de serviços à comunidade, ou que projetem compelir ao contribuinte pela exasperação da pena.

O entrosamento do crime organizado com o delito tributário, em particular aquele vinculado à lavagem de dinheiro, sem sombra de dúvida, ganha relevo e modernidade na apreciação técnica, sobretudo jurisprudencial.

Recompensados pelo seleto público leitor, ao qual agradecemos, e também pela confiança depositada pela Editora, foi que nos empenhamos visando a dissipar as dúvidas e aparar as arestas, cujo indicativo é o renovado espírito de pesquisa em torno do ilícito penal tributário.

Imprescindível inaugurarmos uma nova fase na história contemporânea, favorável à propalada reforma tributária, e na consecução da justiça fiscal, porquanto o cidadão comum, o mero contribuinte, espera vivamente pela conscientização do Estado fiscalista e arrecadador na transformação de um modelo mais transparente em prol do desenvolvimento e crescimento nacionais.

CARLOS HENRIQUE ABRÃO
Magistrado do TJSP – Doutor pela USP
Natal de 2009

Apresentação à 2ª Edição

Recompensados pelo rápido término da 1ª edição, sentimo-nos responsáveis pelo aperfeiçoamento, aprimoramento e atualização da atual, cuja espinha dorsal mantivemos, acrescentando pontos relevantes em torno do desafiador tema "crimes tributários".

Embora a finalidade primacial da norma penal tributária seja compelir ao pagamento da obrigação líquida e certa, bom caminho fora previsto com a possibilidade de parcelamento e, agora, o surgimento de anteprojeto criando a figura da transação penal.

Deflui inesgotável a fonte de pesquisa e inexcedível o campo da disciplina legal; porém, não podemos deixar de lado o importante sedimentar das súmulas, as quais tipificam realidade no cenário da obrigação e do crime tributário.

A perspectiva que se cria migra tudo para o campo da Informática, cibernético, com o desaparecimento do papel, da escrita, e consequente armazenamento do banco de dados em meios eletrônicos, os quais passam a ter previsão legal específica e figura delituosa.

Em matéria de recuperação do crédito tributário muitas medidas vigoram, sem alcançar a eficácia e o resultado prático previstos, sendo elevado o número de parcelamentos descumpridos.

Nesse campo, o STJ editou a Súmula 355, que permite notificação de exclusão do REFIS por meio da Internet ou publicação inserida no *Diário Oficial* – o que denota agilidade e menos burocracia no rompimento da circunstância levada a efeito.

A figura da transação penal liga-se aos delitos cometidos na esfera penal tributária punidos com penas inferiores a três anos, com prestação de serviços à comunidade, obrigação do cumprimento da norma violada, sem a possibilidade de nova delinquência, sob pena de revogação do benefício.

Aparadas as arestas e vislumbrada a realidade do crime tributário, tudo dimensiona a inadiável necessidade da reforma tributária, não na condição de apanágio, mas, sim, de verdadeiro instrumento em busca da justiça fiscal indesmentível.

Capítulo 1

Visão da Legislação Penal Tributária

1.1 A norma penal tributária

O crime contra a ordem tributária ganhou expressão e forte relevo na dinâmica da Lei 8.137, de 27.12.1990, evidenciando o tipo normativo e as respectivas regras de conduta no intuito de ampliar a metodologia da repressão e cercear o comportamento nocivo do Fisco. Entretanto, a maior – ou quase exclusiva – finalidade da sanção penal pode ser traduzida no interesse único do Estado de receber o tributo, independentemente de outras formalidades, haja vista o cenário de gastos e despesas diante do orçamento sempre comprometido.

Neste diapasão, a norma penal tributária surge na condição ímpar de disciplinar a conduta do contribuinte e ao mesmo tempo verificar a existência do tributo, para permitir procedimento na esfera penal.

Desta forma, ao definir o crime tributário, o legislador levou em conta diversos conceitos, dentre os quais a omissão ou a ação do agente no intuito do não recolhimento ou de recolher valor menor do que o devido.

Paralelamente, não se pode esquecer que o crime tributário envolve uma série de características e discussões que demandam tempo envolvendo aspectos da certeza e segurança na definição da incidência do imposto.

Forte neste tópico, a norma penal tributária condiz com o comportamento do contribuinte, que causa forte impacto na descapitalização do Estado, na medida em que este tem previsão de recebimento frustrada pela atitude daquele que nega o recolhimento.

No estágio do estudo sobre o tema, importante frisar, contudo, que a carga tributária exerce forte reflexo no sentido de induzir à conduta do não pagamento do tributo, não apenas pelo teto de quase 40% sobre o Produto Interno Bruto, mas uma destinação sem qualquer economicidade para a sociedade.

Devemos assinalar que nos Países desenvolvidos o crime tributário é verdadeiramente relevante e desempenha papel muito singular, com a pena privativa de liberdade aplicada ao caso concreto; ao contrário do que acontece no solo pátrio, onde, sendo possível, feito o pagamento, extingue-se a ação penal.

A conjuntura releva, de um lado, o ângulo administrativo formal do tributo e, de outro, o caminho do enquadramento, para efeito de se cogitar da sanção penal.

Não existindo, em nível nacional, o Código de Defesa do Contribuinte, as regalias e benefícios concedidos ao Fisco se sobrepõem, com facilidade, às dificuldades na compreensão da norma e na aplicação prática. Consequentemente, a norma penal tributária impõe sujeição à incidência sob o prisma de visão do Fisco, uma vez que sem o encerramento da fase administrativa é vedado o encaminhamento da ação penal.

Ao mesmo tempo em que a legislação se exasperou no sentido de definir o crime e tratar da pena correspondente, de igual, procurou suavizar e temperar o espírito, com abrandamento de parcelamentos (com os REFIS 1, 2, "REFIS da Copa"); mas no Parcelamento Especial/PAES reconheceu que o pagamento integral comprovado na ação penal em andamento provocaria seu término (art. 9º e § 2º da Lei 10.684, de 30.5.2003).

O delito tributário tem natureza material e persegue a finalidade indireta de confundir a Fiscalização e a direta de não recolher o tributo devido naquela situação específica; no entanto, é preciso estudar a proporcionalidade e a razoabilidade na condição de princípios formadores do tipo penal.

Na realidade, não tem o menor sentido mover todo o aparato da máquina judiciária quando o resultado do delito tributário for de somenos importância sob o ponto de vista pecuniário, circunstância que exige uma diferenciação no trato sistemático do assunto.

Por tudo isso, a norma penal tributária valora cada caso concreto, mas deixa ao sabor do intérprete a verdadeira importância, priorizando, com isso, uma mobilidade, na flexibilização de sua aplicação.

Com efeito, um microempresário que deixa de recolher o ICMS no valor de 10 mil Reais por mês não pode ser equiparado a uma grande empresa que não recolhe 1 milhão de Reais mensais, pois o prejuízo materializado é deveras distinto.

Nesse pensar, portanto, a norma elaborada exige interpretação racional, principalmente se o delito estiver associado a outros, conexos ou não, interligados, de forma profissional, a exemplo do crime organizado, cuja custódia cautelar ou preventiva seria salutar para evitar a destruição de provas ou outros elementos consistentes na feitura da peça acusatória.

Elaborado este plano de visão a respeito da legislação que sinaliza incidência para cada tipo específico de tributação no campo concentrado, fundamental desenvolver o tema e ir ao encontro de soluções que definam melhor a capacidade do contribuinte e os comportamentos reputados delituosos.

1.2 Diplomas legais e tipicidade

O tema da repressão aos delitos tributários tem verdadeira simetria com a circunstância de obrigar o contribuinte ao pagamento da obrigação tributária, refletindo elemento psicológico que ganha relevo diante do contexto e da possibilidade de sanção de natureza penal.

Nesta ótica, portanto, o surgimento da Lei 8.137/1990 trouxe um avanço em termos de reprimir o delito tributário que afeta o Erário Público mas também sinalizou o advento de diplomas legais que procuravam, indistintamente, amenizar a responsabilização por meio do pagamento ou seu parcelamento.

Observa-se, ademais, que, nas especificidades tratadas e dimensionadas, cada tipo de tributo deu azo ao problema de uma legislação peculiar que disciplinasse a própria tipicidade em atenção aos elementos de incidência, assim na esfera do imposto de renda, da contribuição da seguridade social, do depósito fundiário e outros enfeixados na desenvoltura da hipótese tributária, existente o fato gerador.

Naturalmente, o excesso de carga tributária compromete o próprio fator de desenvolvimento econômico, razão pela qual, de tempos em tempos, programas de REFIS são lançados para exata regularização da posição do contribuinte em situação infracional, a partir da Lei 10.684/2003.

Bem se demonstra que a legislação é referente aos três níveis do Estado Federativo; enquanto a União trouxe disciplina, Estados e Municípios procuraram a convergência de conduta.

Deparamo-nos atualmente em várias situações com o nascimento do processo eletrônico administrativo, de natureza digital, e as várias alterações legislativas em torno da responsabilidade do contribuinte, no tocante à possibilidade de investigação, matérias sedimentadas por meio da Súmula 24 do STF e da Lei 12.382/2011, respectivamente.

Inconteste, pois, que a multiplicidade de diplomas legais influenciou também na jurisprudência e na conduta do contribuinte, para efeito de condição de procedibilidade da ação penal.

De fato, a nosso ver, não se justifica extinguir o processo criminal fundado no pagamento, mas, sim, minorar a pena ou reduzir a punição; fato é que no solo pátrio a exasperação penal tem finalidade exclusiva de liberação via quitação da obrigação.

Destarte, fica o procedimento administrativo na condição de ser extinto para que nele se chegue à segura conclusão no sentido da incidência da obrigação tributária, caso contrário a investigação não poderá ter seu curso, exceto se houver crimes conexos e demais condutas típicas que ensejam análise do Ministério Público.

Enquanto o único diploma teve o condão de estabelecer as diversas sanções penais por ação ou omissão, coube ao legislador trazer à baila inúmeros aspectos legais, temperando a conduta com o pagamento ou parcelamento da obrigação.

Timbra-se a absorção do delito de menor gravidade por outro de maior, que forma o tipo legal, na síntese do crime material, de tal modo que na sua percepção a lesão é praticada contra o Estado, que não tem ingresso no orçamento, reduzindo sua receita.

Com razão, o elemento da tipicidade vem detalhado a partir da Lei 8.137, de 27.12.1990, na percepção ampla de não recolher, pagar a menos o valor da obrigação, falsificar livros, omitir informações ou praticar fraude contra o Fisco; desta maneira, portanto, cumpre apontar a inexistência de responsabilidade da pessoa jurídica no campo penal.

Consabido que no leque administrativo a punição se dirige contra a pessoa jurídica que responde pela obrigação, e na eventual ausência de patrimônio aos próprios sócios. No entanto, na esfera penal o fundamental se revela na tipicidade da conduta, o elemento doloso, cuja diretriz encaminha a culpa consciente.

A vertente comporta melhor análise, pois a tendência é configurar o delito dependendo do tipo de lançamento tributário, na medida em que não se cogita de crime tributário sem antes se conhecer a obrigação prestigiada pela Administração Fiscal.

Notadamente, a economia informal, somada à carga tributária e às práticas de planejamento, traz saldo negativo para o Governo; mas o cruzamento de informes, o compartilhamento da CPMF e a dicção das operações eletrônicas, tudo isso muda o panorama e mostra a inteligência logística das autoridades administrativas na fiscalização e sanção ditada ao contribuinte.

Extremamente imprescindível diagnosticar a dificuldade na punição do delito para efeito de responsabilidade: a uma, pelo excesso de leis que abrigam o pagamento ou o parcelamento; a duas, pela demora da apuração a respeito da infração; por último, o juízo singular não é afeto aos aspectos substanciais da seara tributária, donde seria significativo que se reportasse ao mesmo que dirige a cobrança ou sujeição do contribuinte à fase penal.

1.3 Portaria da Receita Federal

As dificuldades sentidas com as dívidas atinentes à investigação da responsabilidade do contribuinte, encaminhando uma polêmica, mostraram a relevância de uma uniformização acerca do assunto, de forma didática.

Desta maneira, pois, adveio a Portaria SRF-326/2005, para dispor a respeito da ação penal apenas depois do término do procedimento administrativo.

Nesta toada, saltavam aos olhos a responsabilização penal e a etapa administrativa finda sem que fosse apurada a existência de tributo a ser recolhido; desta forma, a Receita Federal não poderia disponibilizar os informes ao Ministério Público ou demais autoridades.

A interpretação da citada portaria deve ser feita com prudência e espírito teleológico, no sentido de não ser desviante, gerar impunidade ou proporcionar abusos.

Efetivamente, a finalidade proporciona reflexão e a compreensão do instituto que se hospeda na apuração da responsabilidade além do campo da sanção administrativa propriamente dita.

Bem se enfatizou, propositadamente, o núcleo da expectativa na consecução de se evitar barulho inócuo e o vazamento da informação detrimentoso ao empresário e aos administradores.

Nada impede, porém, que o Ministério Público, munido de elementos relevantes, solicite ao juízo competente a quebra do sigilo e mantenha o monitoramento em relação à empresa e seus administradores, na medida em que o crime pode ter continuidade e sua lesividade representa ponto detrimentoso ao Estado.

Insta considerar que a privação de liberdade, na modalidade de prisão cautelar ou preventiva – sobre as quais nos permitiremos pronunciar mais adiante –, traz escopo de paralisação do fato delituoso e mormente da apreensão de material visando à denúncia.

Volvendo os olhos para a mencionada portaria, publicada no *DOU* de 29.3.2005, tem-se a absoluta realidade de coadunar o princípio da legalidade estrita com a consecução da ordem tributária.

Explica-se o teor desta posição na concatenação do tributo apurado e da forma como se comportou o contribuinte para evitar seu recolhimento, reduzir o valor ou fraudar a Fiscalização.

Concretamente, a Portaria 326/2005 não identifica uma camisa de força, mas simplesmente um parâmetro de harmonia para que a autoridade administrativa federal não procure destoar da realidade aparente sobre os fatos, ou seja: primeiro se apura o tributo, e depois a responsabilidade do contribuinte.

Tornou-se inconcebível o contribuinte sofrer uma punição na esfera penal e mais tarde tomar conhecimento de que o tributo não existia ou estava recolhido formalmente em ordem, o que impunha um dano extrapatrimonial, afora o impacto na atividade empresarial.

Desloca-se o eixo do campo repressor, para que se diagnostique em primeiro lugar a hipótese materializada no fato gerador; assim não há presunção, mas constatação da obrigação, na técnica de caracterizar a responsabilidade.

Naturalmente, a portaria proveio da manifestação reiterada do STF ditando a impossibilidade de apurar a responsabilidade penal sem a extinção do procedimento administrativo.

Consequentemente, o aumento de *habeas corpus* para trancamento da ação penal por justa causa no âmbito do STJ e do STF fez com que se entronizasse matéria quase sumulada, a fim de que apenas o encerramento do processo administrativo conduzisse à verificação daquele penal.

Reflexo deste posicionamento, os Fiscos Estadual e Municipal também se permitiram dar segurança e certeza às operações específicas, objetivando, com isso, evitar recursos, principalmente na esfera judicial, com verdadeira explosão do *habeas corpus* colimando o trancamento da ação penal pelo não encerramento da etapa administrativa.

Quando se afirma a importância desta portaria, o significado diz respeito ao procedimento administrativo como um todo, envolvendo também a fase recursal, ainda que não haja formação de coisa julgada nessa discussão para efeito de revelar a obrigação tributária.

Sob este ângulo, portanto, normatizada a regra para não encaminhamento sem o término da fase administrativa, resulta inequívoco que o Ministério Público, tomando conhecimento a respeito dos fatos, poderá avocar para si a responsabilidade de oficiar e também requerer ao juízo medidas reputadas de urgência.

Precisa estar claro que, diante da gravidade de cada caso concreto, a autoridade administrativa, em sentido amplo, não tem uma filiação vinculante à determinação da portaria; isto porque poderá contar com o apoio de outros órgãos, numa espécie de força-tarefa, colmatando imperfeições e atingindo rapidamente o objetivo.

Indaga-se, pois, se o encerramento do procedimento, que normalmente leva alguns anos, poderia inibir o Ministério Público ou a própria autoridade policial de tomarem medidas preparatórias na situação específica de manterem a documentação e demais subsídios endereçados à responsabilização dos administradores.

Conclusivamente, ainda que a autoridade administrativa não encaminhe a documentação, por outro caminho o Ministério Público e demais agentes envolvidos poderão encontrar dados seguros na pretensão de quebra de sigilo, apreensão de documentos, custódia cautelar, haja vista não apenas o prejuízo causado ao Erário, mas sobretudo a continuidade delitiva.

1.4 Lei Complementar paulista 970/2005

Acompanhando os passos ditados pelo Governo Federal no sentido de evitar o encaminhamento do procedimento até sua conclusão, sobreveio a Lei Complementar 970, de 10.1.2005, do Estado de São Paulo, que acrescenta dispositivos à Lei Complementar 939, de 3.4.2003, cujo fundamento essencial está atrelado às atribuições da Administração Tributária no bojo da aferição da obrigação e posterior responsabilidade do contribuinte.

Nesta circunstância, acolhe invocar, pois, o art. 5º, IX, da Lei Complementar 939/2003, inciso acrescentado pela referida Lei Complementar 970/2005, com bastante propriedade, adjetivando a respectiva posição adotada: "Art. 5º. São garantias do contribuinte: (...); IX – o não encaminhamento ao Ministério Público, por parte da Administração Tributária, de representação para fins penais relativa aos crimes contra a ordem tributária, enquanto não proferida a decisão final, na esfera administrativa, sobre a exigência do crédito tributário correspondente".

Com efeito, ditou o legislador estadual a presença do crédito tributário e sua condição obrigatória para delimitar qualquer espaço à representação destinada ao Ministério Público, fazendo-o de maneira incisiva, consolidando entendimento federal, proibindo, assim, qualquer incursão de responsabilidade antes da manifestação da Administração Pública.

Explica-se a uniformização das autoridades, procurando dissipar dúvidas, na medida em que o endurecimento do legislador, em termos de crime tributário, trouxe escudo protetor maior e forte pressão psicológica, a demonstrar que a Lei 6.830/1980 não cumpriu seu papel, e, de forma indireta, estar-se-ia exigindo do contribuinte o tributo, sob pena de responder criminalmente pela delinquência tipificada.

No começo, dúvidas surgiram sobre o parcelamento e o pagamento da obrigação tributária, conquanto boa parte daqueles que aderiram fizeram-no apenas para evitar o prosseguimento da ação penal, sem o espírito de recolhimento integral.

Existia condição de procedibilidade, inata ao procedimento administrativo concluído, cuja persecução criminal apenas se imporia quando houvesse tributo a exigir; hipótese contrária cairia no sério risco de não haver obrigação, mas de responsabilidade por meio do procedimento a cargo do Ministério Público.

Compassados os elementos de ordem administrativa, níveis federal, estadual e municipal, não ficou o Ministério Público alheio ao procedimento, isto porque em casos de maior repercussão tem atuação privilegiada, inclusive preparando terreno para incursionar sobre a criminalidade, evitando, assim, tempo perdido, em atenção à duração da fase administrativa.

Efetivamente, principalmente na seara federal a conduta do agente tem se revestido de elementos adequados à formação de diversos delitos, inclusive quadrilha, donde o crime tributário não aparece como fator fundamental da espécie, mas, sim, adjetiva finalidade determinante dos meios adotados para prejudicar o Fisco, a sociedade e notadamente o Estado.

O princípio que motivou a edição da lei complementar foi o mesmo que possibilitou à Receita Federal a edição de portaria acerca do tema; mas é imprescindível sublinhar que na catalogação da responsabilidade tributária existe complexidade atrelada à ordem penal, daí o encaminhamento pura e simplesmente da representação; findo o procedimento, apenas indica quais medidas ainda necessitam ser tomadas para oferecimento da denúncia.

A definição do quadro na ótica da Administração Tributária representa a análise de toda a matéria em ambas as instâncias, ou seja, em grau recursal, para que não paire dúvida alguma sobre a exigibilidade do tributo, mesmo que persista qualquer ação visando a descaracterizar o procedimento ou demonstrar excludente.

De fato, a passagem do legislador apenas irrigou o campo para aliviar dúvida e permitir simetria entre as esferas administrativa e penal; mas tal não implica refrear o ânimo do Ministério Público, da própria Polícia, inclusive se houver informações envolvendo evasão, retirada de numerário e transferências para paraísos fiscais.

O delito tributário apresenta-se de forma material, levando em conta o comportamento do agente, passando pelo crivo da tipicidade, uma vez que a denúncia deverá descrever as condutas e nominar os administradores, sempre expressando possíveis benefícios em razão da terceirização do serviço ou deslocamento de competência.

Bem por tudo isso, a restrição impositiva não indica simplesmente que o Ministério Público esteja impedido de proceder às investigações que reputar necessárias; até porque a norma se dirige exclusivamente à autoridade administrativa.

Na realidade, para que se evitasse precipitação do agente administrativo e diversos dissabores quanto à existência ou não do tributo, respectiva base de cálculo e a própria responsabilização, andou bem o legislador proibindo providências paralelas antes da conclusão do procedimento específico.

Desta forma, não se pode mais obter representação sem antes a conclusão do processo administrativo no qual se apurará a exigibilidade do tributo; porém, podem as diligências ser tomadas na esfera investigativa, conquanto não sobrevenha denúncia até final decisão na esfera do tributo.

Os dispositivos criados para espancar dúvidas em relação à fase investigatória ou de apuração de responsabilidade foram todos eles agregados e aglutinados pela Súmula 24 do STF, de caráter vinculante.

Seus dizeres assim se expressam: "Não se tipifica crime material contra a ordem tributária, previsto no art. 1º, incisos I a IV, da Lei n. 8.137/1990, antes do lançamento definitivo do tributo".

1.5 Ilícito penal e responsabilidade

O crime contra a ordem tributária, dentro da sua tipicidade, objetiva o enquadramento do agente, aparecendo como sujeito ativo, e na condição de prejudicado o sujeito passivo será sempre o Estado, em sentido amplo, ou qualquer entidade da Administração descentralizada.

Nesta esteira, pois, o ilícito penal não se confunde com aquele de natureza administrativa; aliás, difere, e muito, porquanto para que exista o delito é fundamental a presença do elemento doloso ou da culpa consciente, enquanto a infração na seara da Administração implica apenas a imposição da sanção correspondente.

Explorando melhor o tema: o contribuinte que não faz sua declaração de imposto de renda, para efeito de entrega no prazo determinado, apenas comete uma infração administrativa, que o submete ao pagamento de uma multa; diferentemente daquele contribuinte que realiza deduções médico-hospitalares sem, contudo, ter feito o pagamento dessas despesas.

Conclui-se pelo modelo exemplificado, típico ilícito penal, por ter o agente, deliberadamente, prestado declaração falsa para se eximir de pagar tributo, ou a pagá-lo a menor ou, até, ter o benefício da restituição.

Bem se explica, por tudo isso, que o ilícito penal tem variantes, ao contrário da sanção administrativa pela infração verificada; nem toda realidade se expõe ao tipo legal; o que sucede, invariavelmente, é a percepção dessas variantes, para que ocorra o delito tributário.

Não se discute que a legislação complexa seguida daquela infraconstitucional plural acabam acarretando dificuldade na interpretação; simples erro escusável, de fato ou de direito, também destipifica o comportamento, ajustando a conduta na realização do ato delituoso imputado.

Na digressão assinalada, comporta destacar que o agente, ao efetuar a operação, não tinha pleno conhecimento sobre a legislação ou eventual portaria, algum comunicado, provocando dúvidas na sua percepção; consequentemente, não existiu o elemento de tipo para caracterizar o ilícito penal.

Forte nesse aspecto, o legislador procurou definir de maneira ampla as hipóteses específicas sujeitas ao ilícito tributário, uma vez que a Lei 4.729, de 14.7.1965, fora revogada por aquela outra de n. 8.137/1990; com isso não se quer diferenciar as condutas, pois se segue o princípio de que a norma rege o ato praticado; para tanto é fundamental trazer à colação o tipo legal precisado.

Deflui do art. 1º da Lei 8.137/1990 o seguinte: "Constitui crime contra a ordem tributária suprimir ou reduzir tributo, ou contribuição social e qualquer acessório, por meio das seguintes condutas: I – omitir informação ou prestar declaração falsa às autoridades fazendárias; II – fraudar a fiscalização tributária, inserindo elementos inexatos ou omitindo operação de qualquer natureza, e documento ou livro exigido pela lei fiscal; III – falsificar ou alterar nota fiscal, fatura, duplicata, nota de venda, ou qualquer outro documento relativo à operação tributária; IV – elaborar, distribuir, fornecer, emitir ou utilizar documento que saiba ou deva saber falso ou inexato; V – negar ou deixar de fornecer, quando obrigatório, nota fiscal ou documento equivalente, relativo à venda de mercadoria ou prestação de serviço efetivamente realizada, ou fornecer em desacordo com a legislação".

O art. 2º ainda ampliou o leque da tipicidade, dispondo constituir crime da mesma natureza a omissão de declaração sobre rendas, bens ou fatos, recolhimento do tributo ou contribuição social pontualmente, descontando-se a importância sem repasse, e ainda por meio eletrônico, fazendo uso de programa diverso daquele oficial.

Não há qualquer espaço para que o contribuinte se veja deslocado do contexto do ilícito penal, quando foram alargados os campos específicos da tipicidade; porém, a responsabilidade deve se adequar à conduta.

Com efeito, quando se cogita da responsabilidade penal não há qualquer vinculação da pessoa jurídica; preconiza-se a submissão ao comando da lei do administrador, gerente ou encarregado da operação.

Efetivamente, a descrição da conduta é de todo imprescindível para que não apenas possa o juízo aquilatar o enquadramento, mas substancialmente permitir sanção penal pela individualização da pena; daí por que numa sociedade anônima é essencial verificar, antes de tudo, se havia autonomia para a prática do ato, ou se partiu de determinação superior.

Substancialmente, a responsabilidade penal comporta avaliar o quadro societário ou da microempresa, ou empresa de pequeno porte, no sentido de aprimorar a peça acusatória e possibilitar ampla defesa, eis que qualquer alteração poderá configurar ilegalidade, a contaminar toda a denúncia.

Em síntese: o ilícito penal tributário ganha corpo na feitura de ato ou omissão de fato para enquadramento na legislação, cuja responsabilidade deverá ser descrita e minuciosamente tratada ao tempo do oferecimento da denúncia, nada obstante também se faça possível a delação premiada, a ser manifestada no momento do interrogatório.

As diversas modalidades referem-se à tipicidade delituosa tributária, não se resumindo apenas ao comportamento comissivo, mas também ao de natureza omissiva, quando, por dever legal, possa envolver obrigação principal ou acessória relacionada à contabilidade e à própria escrituração empresarial.

Modernamente, todo esse detalhamento é feito por meio eletrônico, com informações transmitidas *on line* para as repartições da Receita e o controle minucioso, a ponto de se verificar a respeito de qualquer desvio de conduta ou surgimento do ilícito penal tributário.

Midiáticas operações são realizadas frequentemente pelos órgãos encarregados da fiscalização, com apoio da Polícia Federal, presença do Ministério Público e autorização do juízo para escutas, quebra de sigilo e levantamentos de indícios e provas pré-constituídas, colimando a apuração de delitos tributários e conexos.

Capítulo 2

Procedimento Administrativo e o Tributo

2.1 Finalidade do exaurimento da via administrativa. 2.2 Medidas paralelas. 2.3 Suspensão da prescrição. 2.4 Código de Defesa do Contribuinte. 2.5 Âmbito da tributação e delito.

2.1 Finalidade do exaurimento da via administrativa

Consagrado emblematicamente o exaurimento da via administrativa para efeito de impossibilitar representação da autoridade perante o Ministério Público, necessário destacar que o caminho penal difere daquele outro referente à existência do tributo.

Com razão, a etapa administrativa persegue substancialmente avaliar o terreno da incidência e concluir a respeito da imposição tributária, ao contrário da responsabilidade penal, na qual o Ministério Público, muitas vezes auxiliado pela autoridade policial, procura desvendar, um a um, os delitos perpetrados, formulando sua denúncia de maneira objetiva.

Efetivamente, destacam-se o lançamento tributário e sua forma peculiar para atender ao pressuposto da conclusão do procedimento administrativo, na dinâmica de condição de procedibilidade da própria ação penal.

Inconfundíveis as expressões "procedibilidade" e "prejudicialidade", em razão das alterações nas legislações. Explica-se: enquanto não findo o procedimento administrativo, vedado se torna ao Ministério Público oferecer denúncia, exceto se inserido o delito entre outros que tenham o condão da absorção ou análise plural das condutas criminosas, ao contrário do que ocorria em relação à adesão ao REFIS.

Na interpretação dos aspectos práticos subordinados ao refinanciamento do débito tributário, a adesão provocava paralisação da ação penal, com sua suspensão, não, porém, a extinção, a qual ficava condicionada à efetiva comprovação do pagamento.

Na sua origem, o Governo Federal, cioso de buscar uma fórmula sem perder o contexto da elevada arrecadação, e sabedor da forte massa de contribuintes em situação irregular, resolveu criar o REFIS, impondo garantias e limitando o prazo de sua duração, em até 130 meses.

Contudo, habitualmente os refinanciamentos não chegam a bom termo e necessitam de novas adaptações, para que as empresas recolham e sigam a ordem de adesão à renegociação do débito tributário.

Dito isto, remanesce incontroverso que a autoridade administrativa fica impedida de representar ao Ministério Público sem antes concluir o procedimento e aferir a existência do tributo; tal fato é salutar, pois evita pressão psicológica e, ainda, providências inócuas.

Consequentemente, o exaurimento da via administrativa representa duplo avanço: o primeiro na diretriz de constatar o tributo e sua grandeza material; e o outro, corolário deste, de se determinar qual a conduta, omissiva ou não, utilizada pelo contribuinte ou terceiros, caracterizando o ilícito tributário, permitindo a representação perante o Ministério Público.

2.2 Medidas paralelas

Deixou-se cristalizado, sem ambivalência, que o destinatário da norma é o próprio agente público responsável pelo encaminhamento do procedimento, no atinente à circunstância do tributo e seus elementos relacionados com o negócio jurídico subjacente.

Em razão disto, portanto, não fica o Ministério Público impedido de proceder às diligências que reputar necessárias e imprescindíveis, na interpretação do art. 83 da Lei 9.430/1996, posto que a autoridade fazendária, apesar de estar impedida de representar, não fica inibida de informar.

Com efeito, o crime contra a ordem tributária não pode ser simples apanágio da cobrança indireta da dívida tributária, meio de pressão psicológica ou ajuste que coloque o devedor sob a mira do REFIS; daí por que a certeza e a segurança exigem que o administrador proceda com cautela.

Ao reverso, em casos concretos a falta de diligência da autoridade administrativa somente desaguou no aumento de ações penais, dotadas de pouca eficácia, na medida em que foram impetrados *habeas corpus*, provocando trancamento por falta de justa causa.

As medidas paralelas adotadas pela autoridade policial, ou a cargo do Ministério Público, sem a menor dúvida, colimam verificação pontual dos acontecimentos e o enquadramento do sujeito passivo na legislação tributária do ilícito cometido.

Juntando-se os elementos da autoridade policial com aqueles do Ministério Público, titular da persecução criminal, tem-se por relevante observar, ao lado do crime tributário propriamente dito, a ocorrência de outras infrações que podem traduzir lavagem de dinheiro, formação de quadrilha, concussão, fraude, priorizando retirada de valores e seus respectivos depósitos em paraíso fiscal.

Bem dentro desta lógica se desenvolvem as medidas paralelas as quais priorizam conhecimento significativo, notadamente quando a investigação se dirige a crimes permanentes ou continuados, envolvendo somas elevadas, acarretando prejuízos imensos ao Fisco.

Nesta ordem, pois, nada impede que a autoridade policial solicite providências de levantamentos e até perícias comprobatórias dos fatos analisados e, de seu turno, o Ministério Público proceda ao cruzamento das informações, inclusive solicitando a quebra dos sigilos bancário, fiscal e eletrônico dos investigados.

Firme neste propósito, a responsabilidade administrativa é no sentido de conformar o tipo com a legalidade da exigência tributária, diferentemente da ótica penal, na qual se proclama o enquadramento na esfera da legislação, permanecendo configurado o delito de natureza material, mediante simples ação do agente ou sua omissão.

Revela-se importante, ainda, acrescentar que qualquer meio utilizado pelo agente, de forma ou de fundo, a prejudicar a análise pela autoridade a respeito da incidência tributária também configura o ilícito de natureza penal, uma vez que o legislador, neste particular, foi extremamente abrangente.

Com as técnicas da informatização e do cruzamento pelo rastreamento de dados, afora a possibilidade da quebra do sigilo, o Ministério Público pode, independentemente da conclusão do procedimento administrativo, lançar-se a campo para amealhar dados e documentos que lhe ofereçam certeza em relação à denúncia.

O exemplo tanto se refere à órbita estadual como também à federal, na qual têm sido quase rotina operações preestabelecidas, as quais se coadunam com a técnica de colheita de informes, apreensão de documentos, inclusive eletrônicos, além de prisão cautelar ou preventiva cabíveis à espécie.

Na estrutura moderna da sociedade globalizada, impedir a averiguação e remeter à fase posterior da conclusão do procedimento administrativo seria o mesmo que acalentar a prática delituosa constantemente, trazendo impunidade e abrindo campo para a repetição delituosa.

2.3 Suspensão da prescrição

Quando se cogita da suspensão da prescrição penal, natural elaborar roteiro de providências endereçado ao procedimento que colima inibir sua ocorrência. Com o advento de inúmeros diplomas legais, no começo havia dúvida sobre se o parcelamento levaria ao sobrestamento e não prejudicaria a continuidade da ação penal deflagrada, além do quê ainda se suscitava a possibilidade da extinção, restando evidenciado que, não efetuado o pagamento, o contribuinte ficaria beneficiado pelo lapso prescricional decorrido.

Em outras palavras, portanto: a ação penal oferecida para apuração da responsabilidade do contribuinte não pode ser prejudicada quando efetuado simples parcelamento, aguardando-se o integral pagamento para que ocorra sua extinção; daí por que o crime contra a ordem tributária vislumbra uma norma penal em branco, sem possibilidade de caráter retroativo, mesmo que a norma posterior seja mais favorável.

Na realidade, comprovando-se o parcelamento, a pretensão punitiva estatal estará suspensa, inclusive a prescrição não terá fluência enquanto não se comprovar integralmente o pagamento; caso contrário, noticiando-se o descumprimento, ato contínuo, retoma-se o curso do processo penal para responsabilização ampla pelo ilícito penal tributário.

Indaga-se se a suspensão da prescrição, diferindo de sua interrupção, seria o norte correto a ser aplicado nas hipóteses previstas nos delitos de menor potencialidade ofensiva, regidos pela Lei 9.099/1995.

Efetivamente, caberia delimitar delitos tributários de maior potencialidade ofensiva, pela valoração existente, daqueles sem expressão econômica; tudo isso poderia ser dimensionado conforme o porte da empresa, o regime de lucro e seu enquadramento fiscal.

Na atualidade, a microempresa e aquela de pequeno porte sofrem disciplina tributária específica, regidas que foram pelo Simples; ao passo que na esteira empresarial apresentam tipificação no Código Civil e benefícios relativos à simplificação escritural, dispensa de livros e registros eletrônicos.

Revigorou-se o procedimento da suspensão do lapso prescricional – art. 83, § 3º, da Lei 9.430, de 27.12.1996, com a redação dada pela Lei 12.382, de 25.2.2011 –, no sentido de que, uma vez feito o parcelamento, enquanto tal, não existe fluência do prazo específico, permanecendo suspenso a pretensão punitiva do Estado, somente voltando a correr se houver inadimplemento ou a exclusão do parcelamento, a cargo da autoridade administrativa responsável.

2.4 Código de Defesa do Contribuinte

Ao se enunciar regra prática no campo do ilícito penal tributário, não se pode perder de vista que alguns Estados da Federação, dentre os quais São Paulo e Minas Gerais, adotaram o Código de Defesa do Contribuinte, delimitando o âmbito da fiscalização, as prerrogativas para efeito de defesa e, outrossim, a perspectiva de prazos e obrigações comuns regulamentadas.

Diante desse caminho, portanto, na esfera tributária, o procedimento administrativo não poderia ficar imune ao regramento de um balizamento mínimo, razão pela qual, se a autoridade não tem prazo para concluí-lo, ao menos deveria ter forma para balizar o conteúdo do comportamento.

Embora muitas alterações fossem procedidas, inclusive para desenhar o objeto da fiscalização e identificar o ponto de apoio da realidade, na verdade faltaram ditames que pudessem traduzir maior clareza ao contribuinte.

Nesta situação, o Congresso deveria partilhar deste ponto de vista e anunciar o Código de Defesa do Contribuinte, que influenciaria muito no campo penal tributário, primeiro disciplinando o posicionamento da autoridade administrativa, segundo elencando as prioridades a serem atendidas e, por último, completando o desenho da lei complementar, o próprio Código Tributário Nacional, adjetivando visualizar especificamente o fato gerador, sem perder de vista o ilícito configurado.

Passando por tal dimensão e sua especificidade, a proteção destinada ao contribuinte não pode ser apenas buscada pela via jurisdicional, eis por que o regramento mínimo por meio do Código traria princípios gerais atrelados à própria dinâmica do procedimento administrativo.

Os Estados que adotaram referidos estatutos, pioneiramente, procuraram demonstrar com transparência poderes limitados dos agentes administrativos e as garantias asseguradas aos contribuintes, cláusulas pétreas permanentes nos regimes democráticos.

Elencada tal circunstância, à míngua da pouca vontade política do Governo em sintonizar com tal quadro concreto, a elevação da carga tributária, ao lado da pouca imaginação no crescimento econômico, tudo isso gera informalidade das empresas e diversos recursos que não são recolhidos aos cofres públicos.

Efetivamente, a grande maioria de empresas de pequeno porte e microempresas subordina-se à informalidade nua e crua, não podendo recolher tributos, mostrando-se distantes desta realidade, haja vista a incongruência da legislação com a exigibilidade da carga contemporânea.

Extraindo-se desta situação uma verdade, o Código de Defesa do Contribuinte viria ao encontro de exigência mínima para atestar qual conduta poderia ser deliberada e, concomitantemente, quais os meios do sujeito para apresentar defesa, mesmo que não se forme a coisa julgada.

Tratando de apurar o tributo e de verificar a ocorrência do ilícito penal tributário, o agente administrativo deve utilizar mapeamento que implique a livre disposição dos exames escriturais e contábeis, ao mesmo tempo em que pode o contribuinte se defender, ter prerrogativas e um tempo máximo de duração do procedimento, para que sua atividade normal não seja interrompida.

2.5 Âmbito da tributação e delito

Dissemos que o crime contra a ordem tributária representa uma ação penal pública incondicionada, sendo seu titular o Ministério Público, na órbita federal ou estadual, consoante suas atribuições, nada impedindo que o *Parquet* de ambas as esferas proceda às investigações concomitantemente, até que oportunizem as respectivas denúncias.

Desta forma, se o procedimento teve início pelo Ministério Público Estadual, para apuração de sonegação de ICMS, e se chegou à conclusão também de crime conexo, adstrito à lavagem de dinheiro, a competência federal se estabelece para apuração do delito, de tal arte que o encaminhamento das peças necessárias se torna indispensável.

No examinar a documentação e os elementos referentes à atividade empresarial, a certeza da tributação é o pressuposto do delito formado; assim se explica o princípio da condição de procedibilidade, a qual somente existe quando há incidência naquele caso específico.

Resulta o raciocínio na atuação concreta, cuja perspectiva amplia o âmbito da tributação, com a regra de competência e aferição dos seus atributos; assim, se a autoridade federal, no âmbito do procedimento administrativo, apurando sonegação do IPI, também verifica eventual ilícito quanto ao ICMS, está obrigada ao encaminhamento de peças, para que tal fato seja apurado pela autoridade competente.

Surgiria de extrema oportunidade permitir o trabalho conjunto de ambas as autoridades até que definissem o campo de suas atribuições, sem invasão de competência ou qualquer nulidade que pudesse ser alegada futuramente pelo contribuinte.

De fato, a denúncia a ser oferecida não é mera peça formal distante da realidade, mas objeto lastreado na apuração administrativa e nas investigações existentes, para que se possa, minimamente identificar o comportamento de cada agente denunciado, sob pena de incorrer em nulidade.

Neste diapasão, a peça acusatória precisa descrever a conduta, mesmo que de forma ampla e até incompleta, para delimitar a participação no ilícito; neste sentido, em relação a uma sociedade anônima não bastaria apenas apontar a responsabilidade dos diretores, mas, sim, precisar quais os atos ou omissões praticados ensejando o crime tributário.

Sinteticamente: se o desate do procedimento fiscal faz parte do devido processo legal, em sede de responsabilidade penal tributária, resulta incontroversa, portanto, a adequação da conduta com a respectiva denúncia, sob pena de possibilitar o trancamento da ação, sob fundamento de falta de justa causa.

No mesmo rumo, em relação à sociedade limitada, o âmbito da tributação e a ocorrência do delito, ambos se dirigem à necessidade de explicitar o comportamento do sócio sob a ótica da conduta ilegal, não bastando apenas indicar o diretor ou o gerente, ainda que delegado, sem que se possa configurar sua participação no quadro desenhado.

A participação que se reclama é aquela efetiva, e não apenas simbólica, na administração da atividade empresarial; daí por que, se o sócio cotista não exerceu qualquer função de gerência, insubsiste razão, teórica ou prática, para que componha, com os demais, o polo da ação penal consubstanciada na denúncia.

Entronizado este pensamento, a autoridade administrativa deve estar antenada com a prática delituosa, para efeito de representação. A uma, pela complexidade do sistema tributário; a duas, no contingenciamento de elementos caracterizadores de outra órbita; e, por derradeiro, para atender à sua atividade inerente, evitando, com isso, prevaricação.

Evitam-se, de um lado, medidas inexitosas repousando no excesso de exação; de outro, qualquer prevaricação, assumindo a responsabilidade para comunicação ao Ministério Público, também à autoridade policial, quando confirmado o tributo e caracterizado o ato ilícito praticado.

Naturalmente, a submissão à imposição tributária pode dispor de alguma complexidade; exemplificativamente, a utilização de créditos, com a intenção de remover a necessidade do recolhimento, quando na verdade não poderiam ser usados, pode caracterizar simples infração administrativa, cuja boa-fé e a vontade externada de cumprir com a obrigação ensejaria o não enquadramento no ilícito penal tributário.

Consolidando a realidade da imposição tributária e daquilo apurado pela autoridade administrativa, têm-se incontestes a depuração dos fatos e a concatenação dos documentos apresentados, simbolizando a presença do tributo, e a sua técnica de apuração da responsabilidade penal, no âmbito da legislação.

Em virtude do cenário e da complexidade da legislação fiscal e tributária, seus aspectos de incidência, o compartilhamento de informações entre os órgãos de fiscalização é medida bastante salutar, não apenas em termos de aproveitamento, de transparência, mas, sobretudo, para aferição das irregularidades cometidas.

A dificuldade principal está na elaboração de planilhas ou provas indiciárias suficientes ao mapeamento da sonegação do tributo, da evasão fiscal, diante da especificidade e do monitoramento, a fim de que o Ministério Público produza denúncia, individualizando as condutas de forma consistente.

Com isso se pretende significar que a investigação pode migrar de um setor para o outro sem a perda de sua objetividade e do critério de análise; assim, se existem tributos estaduais e federais enquadrados na Lei 8.137/1990, a ação conjunta permitirá maior mobilidade para agregar fatos e tipificar condutas.

Capítulo 3

Delitos Tributários Específicos

3.1 Sonegação fiscal. 3.2 Apropriação indébita. 3.3 Evasão fiscal. 3.4 Supressão de escrituração e livros. 3.5 Crimes tributários eletrônicos.

3.1 Sonegação fiscal

O delito fiscal de sonegação compreende a delimitação do âmbito de participação do sujeito passivo em relação ao Fisco, na medida em que desenha comportamento evidenciando intenção de não recolher o tributo devido ou recolher importância menor, tendo por escopo o resultado consubstanciado no procedimento.

De fato, a sonegação fiscal é considerada propriamente uma forma delituosa que visa a fraudar o recolhimento da obrigação tributária e, consequentemente, ilaquear a Fiscalização, porquanto o contribuinte, terceiro ou sucessor, por qualquer meio, procede com dolo específico, caracterizando o ilícito tributário.

Na realidade, a definição primeira em torno do ilícito se formou nos moldes da Lei 4.729/1965, cuja previsão continha traço substancial, passando sua regulamentação para o terreno do Diploma 8.137/1990, disciplinando inteiramente a conduta.

Delito material propriamente dito, a sonegação envolve a conduta do agente com o resultado potencialmente lesivo, qual seja, o de impor ao Fisco um prejuízo, haja vista a responsabilidade tributária destoante do seu conceito fundamental.

Bem interessante destacar que o Diploma 8.137, de 27.12.1990, ao contrário daquele outro apontado, traça inúmeros conceitos característicos da conduta que informa o tipo legal. Dentre outros aspectos, colacionamos: omitir, fraudar, falsificar, elaborar, negar, no propósito de reduzir ou suprimir o tributo, a contribuição social ou obrigação acessória integrativa da incidência tributária.

Relevante observar que o delito de sonegação fiscal, pela gravidade que gera, se torna capaz de absorver outros de menor potencial ofensivo, a exemplo do falso documental, ideológico, supressão de documentos. Isto porque haveria o elemento-meio para o escopo do pressuposto-fim, que estaria revestido da própria infração penal tributária.

Destarte, o delito de sonegação fiscal tem o condão de absorver a falsidade e o uso de documento falso, sinalizando identidade própria e característica específica inconfundível; se incidente a regra do art. 71 do CP, estaremos diante de crime continuado com a exasperação da pena, pontuando a mesma modalidade tributária.

A conduta típica deve proporcionar um resultado lesivo ao Estado, na condição de titular do crédito tributário; assim, se o agente resolver aderir ao REFIS e confessar seu débito, tal pressuposto, por si só, impede que a denúncia seja oferecida; se estiver em curso, permanecerá sobrestada até final, na perspectiva de ser realizado o pagamento.

Especificando esta modalidade, o agente que, ao realizar a declaração de imposto de renda e preencher o cadastro, não fornece os dados de determinada fonte de pagamento, sem sombra de dúvida, não havendo antecipação pela entidade pagadora, desenvolve padrão objetivando recolhimento a menor da obrigação.

Refletindo a respeito do tipo legal, sua configuração pode nascer de uma atitude comissiva ou omissiva: tanto o agente que toma a iniciativa de eliminar dados, programa eletrônico ou nota fiscal com o escopo de pagar menos tributo como, ainda, o sujeito passivo que, tendo um desconto incompatível entre as despesas com o cartão de crédito e aquilo que declara, simplesmente se omite, no propósito de não pagar o respectivo imposto de renda.

Em linhas gerais, os profissionais liberais que não dispõem de empresas encarregadas de proceder o ingresso e saída de recursos, invariavelmente não fornecem recibos, e, com isso, fica impedido o contribuinte de declarar o gasto com a consulta, tratamento ou intervenção cirúrgica resultante.

Na operação de importação, o ciclo interno é muito elucidativo quando se declara valor de entrada no País inferior à realidade, possibilitando revenda e um menor grau de lucro, a fim de influenciar no recolhimento do contribuinte.

Descortinam-se, ao longo de toda a tipicidade, múltiplas perspectivas que endereçam a formação do delito de sonegação fiscal, cuja autonomia cerca comportamento peculiar, refletindo o dolo específico, em detrimento do Estado, sempre na consecução de vantagem indevida, escrituração irregular, documentação incompleta – tudo, enfim, que contribua, direta ou indiretamente, para a participação do agente no delito.

Os delitos-meios também ambicionam o crime de sonegação fiscal; assim, a escrituração incompleta, rasurada ou não elaborada, a qual tipifica o intuito de lesar o Fisco e comprometer a arrecadação, sublinhando o cruzamento de dados e informes, a exemplo da extinta CPMF, com o propósito de saber precisamente o gasto e identificar o ganho do agente responsável.

Hoje, de forma mais pontual, essa fiscalização é monitorada por intermédio dos gastos, através de notas fiscais e, principalmente, cartões de crédito, demonstrando forte trabalho da Fiscalização de ter em mãos esse detalhamento no levantamento de possíveis anormalidades, em razão da configuração do delito penal tributário.

3.2 Apropriação indébita

Tributos existem que permitem ao agente reter a importância descontada na prestação de serviço, no vínculo empregatício ou qualquer outra correlacionada à fonte primária da obrigação, de tal sorte que é comum no mecanismo do recolhimento da seguridade social não haver o repasse à Previdência, no caso do depósito fundiário, ou identicamente a empresa que desconta na fonte e não cuida do depósito fundiário, ou igualmente a empresa que desconta na fonte e não cuida de destinar o valor aos cofres públicos.

Dispõe o art. 2º do Diploma Legal 8.137/1990, no seu inciso II, o seguinte: “II – deixar de recolher, no prazo legal, valor de tributo ou de contribuição social, descontado ou cobrado, na qualidade de sujeito passivo de obrigação e que deveria recolher aos cofres públicos”.

Neste diapasão, há um prazo legal necessário ao recolhimento devido; no entanto, o empregador locupleta-se à custa do Erário Público e mantém consigo o valor que não mais lhe pertence, configurando o delito de apropriação indébita.

Sobredito delito implica a presença de duplo elemento: o desconto realizado e a falta de recolhimento aos cofres públicos dentro do prazo legal previsto na legislação.

Discutiu-se na hipótese do ICMS declarado e não pago se os contribuintes estariam enquadrados na categoria específica da apropriação indébita, porquanto o valor da obrigação tributária estava inserido no preço final da mercadoria.

A princípio, o entendimento sufragado continha determinante proclamando a forma delituosa do agente, mas sobreveio um tempero por força de se compreender a necessidade do elemento doloso na consideração de focar imprescindivelmente o tipo legal.

Desta forma, a simples omissão não teria o condão de tipificar o dolo específico, pois que o agente apenas não recolheu a tempo o desconto praticado no preço final da operação empresarial; mas a apropriação intencionada estaria enquadrada conforme o regime de recolhimento do empresário.

A disponibilidade ou não do recurso em caixa para efeito de recolhimento, a nosso ver, de forma alguma descaracteriza a ilicitude penal tributária, na medida em que o sujeito passivo da obrigação reteve o valor e em desacordo com o prazo previsto.

Concretamente, o delito de apropriação indébita também admite sua sujeição ao procedimento de confissão pela adesão ao REFIS; no entanto, insta que o comportamento preceda à denúncia criminal, tendo por mira afastar o elemento do tipo.

Não se pode deslocar a competência ou responsabilidade pelo cometimento do ilícito a terceiro se no seio da empresa o contador ou preposto deixa de recolher tempestivamente a mando do administrador/controlador o valor aos cofres da Fazenda Pública.

Indiscutivelmente, captar o elemento de transição e integração entre o agente que comete o ilícito e aquele que o executa se afigura um liame de compreensão do modo de agir; mas a perspectiva do quadro imputa adequação no resultado, mesmo no nível de omissão.

O âmbito patrimonial é tutelado no crime fiscal, e apenas paralelamente o aspecto da função tributária, sendo que se procura separar os delitos de resultado daqueles de simples perigo, donde a sinalização em direção ao campo da responsabilidade penal específica.

Conceitualmente, a apropriação indébita na condição de ilícito geral faz parte da definição do Código Penal; mas no aspecto tributário surge definida na Lei 8.137/1990, a qual produz eficácia em atenção à conduta do responsável e ao valor (soma) retido.

Essencialmente, portanto, a apropriação do indébito tributário repercute na lesão praticada contra o Estado, ao deixar o sujeito de proceder ao repasse no prazo previsto e legalmente determinado, de tal sorte a mantê-lo, sem qualquer justificativa, agregado ao próprio capital.

Referido delito tem continuidade fundamentada, pois se o agente, a cada operação, retém a importância descontada, e não a repassa, comete o ato delituoso, bastando que o situe de conformidade com a espécie tributária – assim, tal não se caracteriza quando refogem do seu alcance a seguridade social e o ICMS, pois pertencem, distintamente, a autarquia e a Estados, sem que haja harmonia entre ambos.

Substrato deste perfil normativo, a conduta do agente é de molde a configurar o tipo legal previsto na Lei 8.137/1990, causando o delito lesivo ao Estado – Erário Público –, comportando analisar a concretude na forma de pagar no sentido de configurar a infração penal tributária.

Por tudo isso, divisa a apropriação a retenção de dinheiro pertencente ao agente federal, estadual ou municipal, superado o limite temporal de recolhimento; receita que não diz respeito ao sujeito passivo, que apenas a detém provisória e temporariamente, até que se implemente o respectivo repasse.

3.3 Evasão fiscal

O delito de evasão fiscal pode ter a natureza omissiva ou comissiva, no sentido de produzir um resultado, na esfera material, consistente na redução, ou impondo o retardamento do cumprimento da obrigação tributária.

Efetivamente, a evasão fiscal traz como circunstância a obrigação fiscal, cuja hipótese propugna enquadramento na Lei 8.137/1990, podendo tanto ser praticada pela pessoa jurídica como pela física, abrangendo obrigação principal ou acessória.

Com efeito, na doutrina de Antônio Roberto Sampaio Dória,[1] a evasão sempre foi inerente ao sistema tributário, irmã gêmea ou bastarda do tributo, cujas espécies, como fenômeno complexo, apresentam modalidades de acordo com a intenção do agente, sendo destituídas de maior gravidade, e também pouca periculosidade, notadamente na omissão, exceto quando há sonegação.

Desta forma, a evasão pode ocorrer por omissão ou intenção, sendo própria e imprópria. No ato comissivo haverá ato ilícito correspondendo a fraude, simulação ou conluio, enquanto na omissão a figura pode representar sonegação, atraso no recolhimento ou simbolizar a ignorância, traduzindo erro de modo não intencional do contribuinte.

Comporta destacar a evasão ilícita daquela lícita: a primeira representa forma de reduzir, retardar ou burlar a Fiscalização e o próprio recolhimento do tributo, enquanto a lícita se trata de procedimento preventivo mas que não afeta a obrigação, eis por que o fato gerador terá sua ocorrência determinada, permitindo o pagamento pelo contribuinte.

A Lei 8.137/1990, na consecução de sua tipologia, anota a matéria de evasão fiscal no seu art. 1º, quando destaca omissão, fraude ou falsificação; e também no art. 2º, ao mencionar omissão em relação aos informes prestados à autoridade fazendária, destaca o elemento do tipo adstrito ao dolo do agente.

Nesta direção, pois, ainda que apresente o componente que busca burlar a presença perante o Fisco, não se pode identificar na elisão propriamente o aspecto da fraude, porquanto, enquanto numa há o inadimplemento culposo, a elisão constitui fato impeditivo para que surja a hipótese tributária legal.

Nesta toada, o saudoso Rubens Gomes de Souza[2] sinaliza que o critério para distinguir a elisão da fraude é meramente temporal: se o fato ocorreu antes da hipótese de incidência haverá evasão; se posteriormente, teremos a fraude fiscal.

1. Antônio Roberto Sampaio Dória, *Elisão e Evasão Fiscal*, São Paulo, José Bushatsky/IBET, 1977.

2. Rubens Gomes de Souza, *Compêndio de Legislação Tributária*, 3ª ed., Rio de Janeiro, Financeiras, 1960.

Múltiplos aspectos de conduta concentram a figura do tipo legal, dando espaço à configuração da evasão como pressuposto que tenta alcançar a viabilidade de conduta, tornando ilícito o resultado, nos moldes da prática correspondente à consecução do não recolhimento do tributo.

Divisa-se a tônica configurada pelo art. 1º da Lei 8.137/1990 ao preconizar a natureza material dos delitos, eis por que somente estariam consumados a partir do lançamento definitivo; explica-se que na pendência de recurso administrativo, mesmo que o Ministério Público ofereça denúncia, não estará configurado o crime, exigindo-se o tributo, no pressuposto de elemento normativo do tipo.

Referida posição tem relevância singular e destaque ímpar ao detalhar o lapso prescricional, porquanto seu início somente estará configurado a partir do reconhecimento da exigibilidade da obrigação tributária.

O espírito do legislador ao disciplinar a evasão fiscal importou comportamento típico, o qual simboliza na esfera administrativa sua própria descaracterização quando se notar o reflexo de ato praticado com mero escopo de prejudicar a Fiscalização ou a respectiva arrecadação.

Bastante comum a subordinação na evasão ao negócio tributário indireto, provocando o retardamento da ocorrência do fato gerador, a redução de sua base de cálculo ou simplesmente a exclusão, migrando, assim, o modelo prático para a esfera do ilícito penal.

O consagrado Direito Alemão exemplifica a hipótese: o contribuinte tem o intuito de vender automóvel a prazo, porém, para fugir de sua responsabilidade, celebra um contrato de locação, exigindo suposto locativo, caracterizado no aluguel, assegurando ao locatário o direito de opção.

O caso ventilado, sob o prisma econômico, não apresenta qualquer modificação equivalente à sua realidade; todavia, na esfera fiscal fica patente o intuito de colher vantagem, e sua percepção é de pura evasão.

Da mesma forma, o contribuinte que adquire determinado bem durável e procura desvirtuar o contrato, nele inserindo aspecto de arrendamento mercantil, ao lado do benefício fiscal DE que poderá usufruir, substancialmente causa prejuízo ao Erário quando retira do patrimônio determinado bem e o lança no campo da negociação do *leasing*.

Verdadeiramente, portanto, o diagnóstico da ocorrência da evasão fiscal sucede concretamente na delimitação do âmbito da atividade do contribuinte, pessoa física ou jurídica, conforme os meios praticados, e na perspectiva de causar alguma lesão ao Fisco.

Não se há de confundir o instituto da evasão com outro que fomenta a legalidade, expressando puramente a elisão, correspondendo ao mecanismo utilizado para eventual planejamento dentro do âmbito da normalidade, sem desgarrar da existência de regras normativas, apresentando apenas alguma eficácia econômica, mesmo que haja discussão sobre a legitimidade da elisão.

Repousa no elemento comprobatório do tipo a conduta própria da evasão fiscal, resumindo, assim, comportamento criminoso, mediante a vontade livre do agente de querer se desviar da obrigação tributária, retardando seu recolhimento, ou implicando dissimulação praticada em prejuízo do Erário Público.

3.4 Supressão de escrituração e livros

A supressão de livros e documentos contábeis significa eliminação, cancelamento ou extinção de informes relativos à fiscalização, com propósito exclusivo de impedir o levantamento e A consequente imposição do tributo, podendo envolver a obrigação principal ou aquela acessória.

Na lição de Ives Gandra da Silva Martins,[3] a descrição do tipo legal refere-se tanto ao tributo como à contribuição; assim, duplamente o legislador cuidou de disciplinar o ato ilícito tributário, consubstanciando prática danosa ao Fisco, consistente na supressão de documentos, tanto mecânicos como manuais ou escriturais, impedindo, destarte, o conhecimento pleno da realidade.

Ensinam Paulo José da Costa Jr. e Zelmo Denari[4] que a expressão traduz uma descrição abrangente e sinaliza modelo próprio que contorna ou elimina totalmente o tributo, diferenciando-se da redução, a qual tende a apenas alterar o valor do recolhimento.

Nesta situação concreta, a conduta típica do agente estaria retratada na supressão pura e simples de elementos que exteriorizam relevância fiscal, permeando o comportamento específico de causar prejuízo, alterando a essência do tributo e acarretando danos ao Estado.

3. Ives Gandra Martins, *Sistema Tributário na Constituição de 1988*, São Paulo, Saraiva, 1990.

4. Paulo José da Costa Jr. e Zelmo Denari, *Infrações Tributárias e Delitos Fiscais*, 2ª ed., São Paulo, Saraiva, 1996.

O comportamento tipificado e detalhado do agente pode agregar estabelecimento principal, filiais, sucursais, reportando-se à contabilidade inerente ao exercício da atividade empresarial, na dinâmica de sua escrituração, ou na presença de livros considerados obrigatórios.

As empresas de pequeno porte e as consideradas microempresas usufruem de um sistema tributário simplificado, o qual lhes possibilita número menor de livros e processo eletrônico visando a menor burocracia, maior rentabilidade, conduzindo ao custo-benefício correspondente.

Entretanto, ao suprimir de sua escrituração dados fiscais relativos à atividade empresarial, no fundo, se busca prejudicar o trabalho da Fiscalização e acenar uma realidade que não corresponde, efetivamente, ao perfil da sociedade comercial.

Explica-se: na dicção de notas fiscais extraídas e retiradas com intuito direto de informar valor irreal no faturamento da empresa, repercutindo no recolhimento do imposto estadual – ICMS – e na esfera federal sobre o lucro, a título de imposto de renda.

Decisivamente, pois, a empresa elimina notas, recibos e quaisquer documentos considerados relevantes, cometendo falta grave e impedindo que a Fiscalização possa rastrear toda a operação e dela extrair o valor da obrigação tributária.

O ato comportamental também pode se deslocar para relação de livros fiscais obrigatórios, quando o agente procura subtraí-los total ou integralmente, não fazendo a respectiva escrituração, eliminando páginas ou faltando com a verdade na descrição real da operação.

Bem por tudo isso, a conduta está prevista nos arts. 1º e 2º da Lei 8.137/1990, ao definir o sujeito ativo do crime e emprestar condições suficientes à apuração do resultado, sob o prisma de visão do dano material e da lesão praticada.

Dentro deste contorno, pois, o ilícito poderá representar simples apuração na esfera administrativa, elucidando os pontos essenciais, ou decorrer da manifesta posição do Ministério Público, cabendo saber se o delito mais gravoso trará a respectiva absorção em relação ao de menor gravidade.

Com efeito, tem-se que o ato praticado, se não estiver englobado em outro delito autônomo, independente e livremente considerado, por si só, representa conduta caracterizadora da supressão de livros e documentos com propósito destinado ao não recolhimento da obrigação, ou por indicação de valor contrário à circunstância concreta.

Entretanto, se a sonegação, a fraude, a evasão, a apropriação ou qualquer outro delito tributário de maior gravidade se caracterizarem na conduta apurada do agente, entre delito-meio e delito-fim, provavelmente estaremos absorvendo a supressão praticada, para configurar exclusivamente o crime independente.

Nesta toada, também se pode cogitar de eventual concurso delituoso, sendo plausível aquele de agentes, sempre observando a técnica empregada, no sentido de constarem delitos respeitantes à esfera penal tributária.

Abdicando de formalidades consideradas na descrição do tipo, a supressão parte do pressuposto de ter o agente comportamento abrangente, dirimindo qualquer dúvida, na direção concreta de prejudicar a Fiscalização e de não recolher o tributo naquela hipótese concreta.

Disposta a modalidade de maneira concreta, do seu pressuposto objetivo, configura-se o fato típico descansando na eliminação de meios criteriosos, daí por que, em certas circunstâncias, ao tomar a dianteira, o próprio Ministério Público, principalmente o Federal, participa da busca e apreensão, para que não seja tomado de surpresa em relação à materialidade delituosa, quando indiscutível a autoria.

3.5 Crimes tributários eletrônicos

O desenvolvimento da atividade empresarial permeado pela técnica informatizada impôs que o Fisco desenvolvesse um sistema de controle das operações, introduzindo mecanismo seguro de verificação das circunstâncias inerentes ao fato gerador da obrigação.

Desta forma, distribuidoras e produtoras apresentam instrumentos de controle diretamente direcionados à Fiscalização; exemplificativamente, as empresas de cerveja possuem um elemento de aferição para verificação da quantidade produzida em sua aquela industrial, que o Fisco monitora para efeito de arrecadação, compatível com a distribuição.

Sinaliza-se também, em vários setores, o ajuste do cupom fiscal eletrônico, fazendo com que as notas passem a ser coisa do passado, sedimentando comportamento informatizado no atacado e no varejo, notadamente em relação ao consumo de combustível.

Caracteriza-se o ilícito tributário eletrônico, na condição de subespécie do delito propriamente dito, quando, mediante a operação utilizada, pretende o contribuinte causar relação distinta daquela de sua obrigação.

Também nesta visão, quando o contribuinte se utiliza de programa eletrônico inadaptável à sua condição, objetivando informações de obrigação principal ou acessória, produz resultado lesivo, trazendo subsídio contrário à atividade desempenhada.

Nesta conjuntura, portanto, as informações podem ser colhidas e rastreadas entre aquilo gasto no cartão de crédito e o declarado nos informes perante a Receita Federal, para que se compatibilize o retrato da tipicidade, nos moldes da Lei 8.137/1990.

Com razão, quando o agente produz informação incorreta ou deixa de prestar subsídio inerente à sua obrigação, procurando fraudar a Fiscalização ou elidindo sua responsabilidade, tudo isso configura o delito tributário, impondo responsabilidade, a qual poderá ser apurada, em primeiro grau, na esfera administrativa ou, mais precisamente, no bojo da ação penal proposta.

De fato, confere o art. 2º, V, da mencionada legislação o parâmetro disciplinado: "Art. 2º. Constitui crime da mesma natureza: (...); V – utilizar ou divulgar programa de processamento de dados que permita ao sujeito passivo da obrigação tributária possuir informação contábil diversa daquela que é, por lei, fornecida à Fazenda Pública".

Apreciada a espécie concreta, o ilícito tributário também pode repousar no uso de programa que tem informação que não corresponda à verdade; assim, ao transmitir as informações, o sujeito passivo busca elidir sua responsabilidade e prejudicar o Erário Público.

Nesse lineamento da tipicidade do delito tributário cometido por intermédio de via eletrônica, tanto pode ocorrer de ser feita a contabilidade de maneira incorreta ou com a utilização de programa sem corresponder à exatidão da atividade produtiva, caracterizando, assim, elemento do tipo passível de sanção.

Desta maneira, portanto, a empresa operando e tendo seu registro escritural eletrônico, possui informes suficientes capazes de detectar todo o instrumental suficiente ao conhecimento dos impostos recolhidos; se a documentação não expressa idêntico pensamento, a variação traduzirá componente específico, configurando lesão ao Fisco.

Efetivamente, pois, conquanto a Lei 8.137/1990 dispusesse genericamente sobre o tema, a modernidade dos meios eletrônicos efetivou-se na última década de forma impressionante, implementando verdadeira perspectiva de rastreamento pela Receita de todos os informes.

Neste divisar, o contribuinte que utiliza o informe eletrônico permite que o Fisco tenha em mãos todos os dados disponibilizados, facilitando-se o rastreamento e o cruzamento das operações, abrindo-se espaço a verdadeiro monitoramento para efeito de contribuição à redução das fraudes fiscais.

Sucede, no entanto, que o desempenho das empresas não pode ser realizado sem o acompanhamento diuturno, implementado pela via eletrônica; daí por que sustenta um encaminhamento propício à formação do tipo legal – em outras palavras: a conduta adotada estará sujeita à imposição de sanção toda vez que resvalar na previsão legal.

Evidentemente, o crime eletrônico deve traduzir comportamento próprio representando culpa consciente ou dolo específico, visando à supressão, redução ou eliminação da incidência, intencionando, assim, confundir a Fiscalização, provocar novo retrato incompatível com o modelo empresarial, desembocando nos dados que não sinalizam a compatibilidade aferida pelo agente público.

Não é sem razão que o Ministério Público tem investido para o aperfeiçoamento e aprimoramento da técnica, coadunando procedimento com resultado, isto é, a busca de medidas preventivas que delimitem a relação da responsabilidade e, ao mesmo tempo, permitam a configuração do ilícito penal tributário.

Adstrito ao trabalho informativo da Administração Pública, o Ministério Público muitas vezes recebe o subsídio de terceiros ou da própria autoridade policial, requerendo ao juízo providências relacionadas com a apreensão dos dados eletrônicos, para que não sejam apagados, eis que, uma vez deletados, prejudicam qualquer recuperação do ilícito perpetrado.

Nesta direção, pois, a intelecção busca integração entre a conduta e o tipo legal; portanto, o delito eletrônico espelha mais que a simples conduta praticada, sobretudo o modo de agir e o prejuízo que dessa ação decorre em relação à Fiscalização, independentemente de parcelamento ou posterior pagamento.

Interessante considerar no universo do delito tributário eletrônico o acesso às informações, seu processamento, e de quem parte, a princípio, a ideia do plano; buscando lesar o Fisco, não significa que o espaço físico apresente relevo, eis que a alimentação do sistema poderá ser conjecturada fora do ambiente profissional, com simples acesso de senha e atualização do banco de dados pelo sujeito interessado.

Dito isto, pois, independentemente do tributo, da contribuição ou de qualquer outra espécie tributária, acompanhando em tempo real a atividade empresarial, consegue o Fisco detectar anomalias, irregularidades e, principalmente, o ilícito penal tributário, podendo descaracterizar o ato, por si só, ou valorar sua relevância dentro do âmbito da continuidade delitiva.

Relevante, ainda, perceber que, na cadeia produtiva ou de distribuição, a constatação do informe eletrônico, sob seu ponto principal, demonstra o monitoramento de todos os envolvidos naquela operação, sinalizando coautoria e a implementação de plano visando a burlar a Fiscalização, com o escopo de não recolher o tributo.

O cruzamento dos informes, o monitoramento e respectivo rastreamento dos dados eletrônicos permitem a configuração do crime tributário e, mais que isso afere, uma a uma, das condutas, apontando a autoria, a materialidade, a participação dos agentes, a continuidade, o concurso e todos os aspectos envoltos na ilicitude fiscal.

Cogita-se no desenvolver do pensamento ser o delito penal tributário elemento componente da atividade empresarial e perceptível pelos registros eletrônicos da empresa, ou ainda da firma individual, quer na grande entidade ou naquela de pequeno porte.

De fato, para querer burlar a Fiscalização o interessado pode apresentar informação por via eletrônica incorreta, passando a fazer parte do Simples; no entanto, a Fiscalização detecta esta incompatibilidade, reproduzindo em seu programa o erro cometido, notando o interesse de fraude, por se tratar de empresa de grande porte, sem qualquer adequação à microempresa; além da infração administrativa, codificam-se outra de natureza penal, atinente ao recolhimento menor do tributo, e o prejuízo provocado.

Nada impede também que o empresário adultere as notas emitidas eletronicamente, alterando seu conteúdo, praticando valores distintos, com o único escopo de ficar isento de recolhimento ou pagamento parcial do valor, de forma lesiva.

Esse encaminhamento descortina, pois, dupla conduta: a primeira omissiva, na qual deixa de informar dados reputados essenciais pela Fiscalização; e a outra comissiva, quando insere elemento contrário à realidade, prejudicial ao tributo.

Exemplificativamente, pois, o titular de veículo cadastrado perante a repartição de trânsito, buscando reduzir o valor do IPVA, inadvertidamente, coloca declaração de ser o automotor movido a gasolina, quando na realidade é a diesel, e com isso obtém imposto menor do que o outro; quando a Fiscalização descobre, impõe sanção administrativa, encaminhando representação ao Ministério Público, para apuração da fraude e da lesividade praticada no documento de informação eletrônica preenchido pelo contribuinte.

Na atualidade, a via eletrônica representa aparente segurança; porém, permite que se desvende o mistério em torno de cada contribuinte, haja vista a penetração cada vez mais constante da Fiscalização, reduzindo a autonomia do interessado em prestar sua manifestação de vontade, irradiando propriamente um permanente estado de desconfiança.

Radiografando esta percepção, com a redução da escrituração comum e aquela terceirizada, passou-se ao mecanismo eletrônico para assegurar maior agilidade e menor custo; entretanto, submete-se o contribuinte a fiscalização pontual no enquadramento do tipo legal abrangente, tipificado na Lei 8.137/1990.

A modernização da tecnologia, fruto dos avanços da própria globalização, inseriu comandos de fiscalização, o mapeamento de empresas internacionais e a respectiva forma de recolhimento dos tributos.

É bastante comum a Receita fazer o chamado "braço de ferro" com empresas brasileiras que têm atividades no Exterior, para tributação de coligadas e filiais, o que provoca instabilidade e forte perda de investimento – o que foi alvo de nova providência normativa a esse respeito.

Com a velocidade dos informes e a multiplicidade de operações, existe aquilo que se chama de um monitoramento não presencial, à distância, do "grande irmão", por intermédio da conectividade, convênios e parcerias entre entidades que revelam o desempenho do contribuinte, pessoa física, e, mais de perto, das empresas.

Pesadas multas têm sido lavradas contra empresas que sonegam, fazem evasão fiscal ou adotam metodologia contra a liturgia da carga tributária, procurando enriquecimento fácil, em detrimento da coletividade.

É bem verdade que essa forte carga tributária hoje se expressa muito mais pelo modelo da substituição do que pelo pagamento no destino. Assim também, de maneira saudável, o consumidor começa a descobrir, por meio das notas fiscais, quanto de imposto pagou em determinada mercadoria, avaliando, ele próprio, o calibre da incidência e a falta de coerência da tributação em relação a produtos básicos e supérfluos.

Capítulo 4

Ação Penal e Procedimento

4.1 Denúncia-crime e condutas. 4.2 Prisões temporária e preventiva. 4.3 Instrução probatória. 4.4 Habeas corpus. *4.5 Sentença criminal.*

4.1 Denúncia-crime e condutas

A materialidade delituosa do crime tributário tipifica o enquadramento na legislação de vigência, qual seja, a Lei 8.137/1990, não ficando o Ministério Público, titular da ação penal incondicionada, subordinado ao exaurimento da fase administrativa para realizar investigações e até, se for o caso, proceder à denúncia.

Na maioria das vezes a responsabilidade penal põe em relevo a conduta do administrador da companhia, gerente da limitada, mesmo delegado, uma vez que não se disciplina a caracterização da pessoa jurídica, como ocorre em outras Nações desenvolvidas.

Dentro do substrato da investigação e da apuração da tipicidade penal, o Ministério Público não pode, pura e simplesmente, se valer exclusivamente da materialidade sem descrever a autoria, notadamente quando vários agentes estiverem envolvidos.

Nesta situação, diante de uma sociedade anônima, o titular da ação penal necessita descrever a conduta dos administradores e diretores, para perfeita equação do ilícito tributário, sob pena de gerar insegurança, incerteza, abstração, propiciando o trancamento da ação penal.

Essencialmente, o ponto fundamental da denúncia consiste na demonstração do nexo entre o comportamento comissivo ou omissivo e o resultado materializado na respectiva conduta, prejudicial ao Estado, em função do crime contra a ordem tributária.

Consequentemente, a denúncia não pode ser genérica, muito menos distante dos fatos, mas na medida do possível consolidando a realidade material com a percepção de sua autoria.

Não tendo esses elementos de certeza e segurança, mesmo que existente o tributo não recolhido, caberá ao juízo sua pronta rejeição, ou, se comportar, aditamento para moldar a peça acusatória à realidade do Código de Processo Penal.

Evidentemente, o Ministério Público, na condição de *dominus litis*, tem a faculdade de exercer juízo valorativo objetivando a persuasão racional. Mas não basta caracterizar simples materialidade, em razão do tempo, da alteração societária e da competência conferida à administração da empresa; exige-se, no mínimo, que o *Parquet* possa trazer fatos consolidando o assunto e permitindo obediência ao amplo contraditório.

No modo de ver de Heloísa Estellita Salomão,[1] a tutela penal deve partir do princípio da obrigação tributária, dentro da dinâmica da incidência, na proteção do patrimônio público, implicando a comunhão de esforços em retratar fidedignamente o comportamento lesivo e sua subsunção ao diploma legal específico, mormente quando reflete um perigo ao bem jurídico.

Conquanto a repressão ao crime tributário surja como forte fator de pressão psicológica para que o contribuinte recolha sua obrigação, naturalmente o infrator deve ter os elementos constantes da peça acusatória, para aferir sua conduta, sem que implique cerceamento de sua defesa.

O Min. Sepúlveda Pertence, no julgamento do HC 81.929-0-RJ, enfatizou que a atual lei tornou escancaradamente claro que a repressão penal aos crimes contra a ordem tributária é apenas uma forma reforçada de execução fiscal, ainda mais hodiernamente, quando se cogita da terceirização do serviço pela ineficácia da Lei 6.830/1980.

Adotado este vetor, muitas vezes a perícia técnica realizada pela autoridade policial municia o Ministério Publico no oferecimento de sua denúncia, demonstrando transparentemente o procedimento, a lesão praticada, a dissimulação, a fraude ou qualquer expediente endereçado a privilegiar o contribuinte em detrimento do Estado.

1. Heloísa Estellita Salomão, *A Tutela Penal e as Obrigações Tributárias na Constituição Federal*, São Paulo, Ed. RT, 2001.

Nesta direção, respeitante às condutas, necessária completa descrição feita pelo Ministério Público na denúncia, motivando, um a um, os delitos apontados, para que possa oferecer o denunciado sua defesa, sem qualquer grau de dificuldade, e submetido ao princípio constitucional do contraditório.

As interpretações são amplas, como observa Xavier de Albuquerque,[2] conforme a conduta do agente, externando interesse de pagamento, da denúncia espontânea, anterior àquela na esfera penal, mero parcelamento ou depósito judicial, suspendendo a exigibilidade do crédito tributário.

Substancialmente, a conduta do crime tributário pode estar adjetivada em atenção à conexão de outros delitos, a exemplo da formação de quadrilha, lavagem de dinheiro, remessa ilegal de recursos, sinais exteriores de riqueza, terrorismo e todos os demais que possam estar direta ou indiretamente vinculados à consecução do resultado pretendido.

Dentro desse espaço, portanto, o crime tributário poderá ser exclusivo ou compartilhar de outros delitos na interface da perquirição existente e consoante a denúncia formulada pelo Ministério Público.

Naturalmente, o delito tributário pode ter concorrência de outros fatores de ilicitude, sendo importante notar a presença, em tese, do crime de lavagem de dinheiro, atos de terrorismo, remessa irregular, atos que, por si sós, produzem o deslocamento da competência para a esfera da Justiça Federal.

Nada impede, portanto, que o Ministério Público proceda ao aditamento posteriormente à denúncia elaborada, quando tiver ciência de novos fatos, exigindo-se formalidades legais para que o procedimento não frutifique em nulidade, sendo intimada a defesa e novamente interrogado o agente, conforme prevê o Código de Processo Penal.

4.2 Prisões temporária e preventiva

Tema extremamente dificultoso relacionado ao crime tributário tem sido o enfrentamento do cabimento da prisão provisória antes da decisão a respeito do mérito da denúncia oferecida.

2. Xavier de Albuquerque, "Crime tributário: extinção da punibilidade e arrependimento eficaz", *RT* 729, São Paulo, Ed. RT, 1996.

A doutrina tem se mostrado claudicante e a jurisprudência tem enfrentado o desafio caso a caso, conforme a gravidade, e de acordo com a lesão existente em tese, diante dos elementos de autoria e materialidade.

O professor Hugo de Brito Machado[3] retrata a excepcionalidade da conveniência quanto à prisão preventiva, realçando certo preconceito em relação ao empresariado, não podendo proliferar, em profusão, esta situação; mas seguramente só quando se fizerem presentes os aspectos norteadores, dentre os quais a prova sobre a existência do crime e indícios suficientes relativos à sua autoria.

A Súmula 9 do STJ proclama a legalidade da prisão provisória, decretada com base no poder geral de cautela do juízo, para a efetividade da prestação jurisdicional, sem afrontar o princípio do estado de inocência, exigindo completa fundamentação.

No caso do crime contra a ordem tributária, poderá advir a prisão temporária, suficiente apenas para levantamento de prova documental e apreensão de documentos, sendo suficiente; ou, caso contrário, advir a prisão preventiva, para a segurança da ordem pública e da eficácia do provimento jurisdicional, conforme o estágio do procedimento.

Realça Fernando Capez[4] que a prisão provisória não viola o princípio da presunção de inocência, tratando-se de medida de caráter excepcional, traduzindo exceção à regra, mas demonstrando sua incidência quando comprovado o perigo de manter solto o agente, diante de certas circunstâncias.

Naturalmente, quando envolver crimes relacionados à gravidade dos fatos, do tipo "colarinho branco", essencial a cautela na investigação, inclusive para evitar destruição de documentos e de provas necessários à apuração da verdade real.

Delimitado o âmbito da excepcionalidade quanto ao cabimento da prisão preventiva, tem-se que o despacho que a ordena será fundamentado, e o requerimento poderá partir tanto da autoridade policial como do próprio Ministério Público, antes do oferecimento da denúncia ou durante seu processamento, sempre tendo em mira a proteção conferida ao Estado e a segurança da ordem pública.

3. Hugo de Brito Machado, "Prisão preventiva e os crimes contra a ordem tributária", *Migalhas* 14.7.2005.

4. Fernando Capez, *Direito de Apelar em Liberdade*, 2ª ed., São Paulo, Ed. RT, 2003.

Naturalmente, o questionamento em torno da prisão preventiva suscita polêmica, principalmente quando está em jogo a própria liberdade, ante a não existência de decreto condenatório lavrado; no entanto, sopesando os aspectos, necessário temperar a realidade com a gravidade da ocorrência.

Perpassando a linha divisória da materialidade comprovada, pode se deparar o Ministério Público com a empresa inativa ou o esvaziamento tendente a possibilitar a saída do agente do território da culpa, exigindo que a prisão preventiva seja decretada até para mantê-lo perante o juízo competente durante o andamento da ação penal pública incondicionada.

Evidente, pois, que, tratando-se de empresário com dupla nacionalidade ou simplesmente estrangeiro, a probabilidade de sair do País será imensa, registrando-se em passado recente, portanto, casos de condenação cujo responsável oportunamente deixou o País, aguardando a prescrição da pena, e de conotação impune.

Consequentemente, diversos fatores merecem ser aferidos ao ensejo do pedido de prisão preventiva para, de um lado, instrumentalizar esta circunstância e, de outro, evitar aspectos nocivos, que suscite a inocuidade dos atos processuais, em detrimento da sociedade.

Discordamos da tese segundo a qual bastaria o pagamento para terminar o processo penal de apuração de responsabilidade; referida mentalidade apenas demonstra que o particular privilegia seu comportamento e pretere o público, porquanto a liquidação da obrigação nada mais poderia desenhar, exceto influenciar na dosimetria da pena ou no regime a ser imposto.

Nesta visão sobre o tema esboçado, e de acordo com entendimento de José M. Conti e outro,[5] uma vez ofertada a denúncia, e seguindo o princípio da indisponibilidade, cumpre ao Ministério Público prosseguir até a condenação, pouco importando se houve, ou não, pagamento, o qual sintonizará simples atenuante, nos moldes do art. 65, III, "b", do CP.

Interessante destacar, por derradeiro, se o pagamento efetuado por terceiro ou por representante do agente preventivamente preso teria o con-

5. José Maurício Conti e Eduardo Roberto Alcântara del Campo, "Crimes contra a ordem tributária", in Ives Gandra da Silva Martins (coord.), *Crimes Contra a Ordem Tributária*, 2ª ed., São Paulo, Ed. RT, 1996.

dão de provocar imediatamente sua soltura. A questão é delicada, e merece perspectiva analítica, na medida em que, cuidando-se de crime isolado, feito o pagamento integral, a teor da legislação em vigor, não haveria mais condição de prosseguibilidade, implicando extinção da causa.

Dentro deste âmbito, ressoa claro que, existente a prisão preventiva antes da denúncia, o pagamento provoca, feita a comprovação, a impossibilidade de apuração de responsabilidade penal na hipótese de estar em andamento; e, custodiado provisoriamente o agente, a comunicação de liquidação da obrigação, em linhas gerais, permitirá a extinção do processo criminal, independentemente de qualquer outra formalidade.

Se, entretanto, houver crime conexo, concurso de crimes, material ou formal, o simples pagamento da obrigação tributária, ainda que integral, por si só, não permite raciocínio no sentido de que o procedimento de apuração da responsabilidade penal está prejudicado.

4.3 Instrução probatória

A instrução probatória do crime tributário apresenta-se diferenciada, uma vez que, ao largo da prova oral, também se constitui relevante aquela documental e seguramente a pericial, de acordo com o lançamento existente e a conduta típica do agente.

De fato, ao se determinar a colheita de prova pretende-se buscar a verdade real nua e crua, a qual se coaduna com a denúncia, em todos os seus termos, projetando eficácia para a oitiva da acusação e defesa.

Notadamente, a prova acusatória tem feição pré-indiciária, uma vez que, calcado na investigação, o Ministério Público dispõe de elementos objetivando o oferecimento da denúncia, sem presumir a culpa; mas, de posse de elementos robustos, cabe ao promotor de justiça arrolá-las ao tempo da acusação formulada.

Se houver necessidade de algum outro tipo de prova na escrituração contábil, fiscal ou eletrônica, caberá ao juízo apreciar esta modalidade em sintonia com os demais elementos, levando em consideração a eficiência e o custo-benefício voltado para a verdade real.

Obedecendo ao rito comum, o procedimento da persecução criminal converge para a fase probatória; notadamente quando se apura a lesividade praticada e se pretende corresponder aos elementos coligidos durante a investigação, pode ocorrer que na detecção da respectiva responsabilidade venha à baila o valor do dano provocado e concomitante interesse na liquidação do tributo.

Na verdade, como ensina a doutrina de Decomain,[6] portanto, existem diferentes tipos de bens jurídicos a serem tutelados no interior das hipóteses previstas, embora tudo se destine ao recebimento integral de cada um dos tributos, na pressuposição do poder que tem o Estado de instituir e cobrar impostos, taxas e contribuições.

Na mecânica do funcionamento da prova durante a instrução processual criminal, objetivando apuração do ilícito tributário, existente a prisão preventiva, o prazo de 81 dias deve ser obedecido para formação da culpa, sob pena de caracterizar excesso, a implicar soltura do agente, mormente quando se necessita de perícia em livros, escrituração fiscal e demais documentos.

Desta forma, nasce a instrução probatória como pressuposto indispensável à consagração concomitante da tipicidade, permeando autoria e materialidade, não sendo incomum, mas, mesmo, frequente, a deprecação de testemunhas, no sentido de se manifestarem sobre a acusação criminal.

Normalmente a relação de testemunhas deverá apontar limite para cada fato típico descrito, em consonância com a lei do rito, comprovando na tessitura, sob o signo do contraditório, os fatos depurados na investigação e relatados na denúncia.

Pode acontecer de ser necessária a substituição da testemunha, quando convier tanto à acusação quanto à defesa, ou, mais diretamente, sua desistência, quando considerar o Ministério Público demonstrados os fatos, sem desconsiderar, ainda, o efeito do lapso prescricional em abstrato.

A teoria de Franz von Liszt[7] consagra a finalidade do direito penal de interesses exclusivamente humanos, cuidando de bens jurídicos a serem protegidos; seguindo esta tese, nos delitos praticados na órbita tributária o que se pretende seguramente prestigiar é a figura do Estado e, ao mesmo tempo, inibir o cometimento do crime ou sua continuidade. Isto porque somente a apuração da responsabilidade delimitará o âmbito da culpabilidade.

6. Pedro Roberto Decomain, *Crimes Contra a Ordem Tributária*, 3ª ed., Florianópolis, Obra Jurídica, 1997.

7. Franz von Liszt, *Tratado de Derecho Penal*, 2ª ed., trad. da 20ª ed. alemã de Luis Jiménez de Asúa, Madri, 1926.

Destarte, a instrução probatória nasce relevante, diferenciando-se das demais, isto porque persegue concomitantemente dupla etapa: a primeira em direção à existência do dolo específico, traduzido na culpa consciente, determinante da autoria; e a outra comunga da confrontação dos elementos comprobatórios da materialidade permeada pela existência do tributo e o dano praticado contra o Estado.

Nota-se em termos de aplicação de regra prática sancionadora da conduta penal tributária que o juízo criminal não dispõe, por certo, de conhecimentos pormenorizados no campo do tributo, motivo pelo qual poderá haver alguma dificuldade no encaminhamento da questão, sem retirar dele a apreciação concentrada no livre convencimento.

Diante de tudo isso, e no desenho da instrução probatória atrelada ao crime tributário, desenvolve-se, ao lado da materialidade presente, a figura da autoria, que se reveste do principal escopo quando descreve o fato e o imputa ao administrador da empresa, seu sócio, gerente delegado, brotando daí o nexo de evidenciar os poderes da administração em sintonia fina com a relação de causa e efeito proveniente do delito tributário.

Efetivamente, a defesa poderá arguir que o administrador denunciado, ao tempo dos fatos, não pertencia ao quadro societário de administração, ou sequer exercia poderes inerentes à responsabilidade penal tributária, daí por que, fundamentalmente, no curso da instrução se preconiza evidenciar referida autoria consubstanciada na técnica de omissão ou ação perpetrando delito.

Definitivamente, portanto, no conjunto das provas se constatará, além da materialidade que fundamenta a prática delituosa, o contexto substancial de autoria, isto porque no quadro societário poderá a denúncia atingir diversas pessoas, as quais pretendem, como meio de defesa, infirmar a responsabilidade, demonstrando inocência.

O entrechoque de interesses na administração da empresa e os poderes específicos para geri-la muitas vezes, pois, despertam interesse na pesquisa do ato ilícito penal, conquanto exista dificuldade de identificar a origem, ainda que produzindo resultado, perquirindo-se, um a um, todos os ocupantes que tinham poderes, visando, com isso, a delimitar a circunstância em torno da verdade real.

De efeito, o contorno da prova é fundamental para se apurar a responsabilidade penal tributária; assim na remessa irregular de dinheiro para o Exterior, ou na importação de determinado bem com código diferente, para minorar o valor do tributo, em ambas as hipóteses se deverá aferir a presença do dolo específico, traduzido na culpa consciente, possibilitando, com isso, a máxima certeza em termos da responsabilidade penal.

Estas regras fazem com que a prova no bojo do ilícito tributário tenha nuança, especificidade, conotação ímpar, efeito particularizado, para que se compreenda o prejuízo causado, em torno da materialidade, dirigindo-se em função da autoria e daqueles responsáveis no âmbito da empresa.

Inativa a empresa, ou com a saída dos sócios, a responsabilidade penal permanece intacta, presente a materialidade, diante do fato incontroverso, cabendo apenas depurar respectiva autoria, no cerne da instrução probatória, evidenciando, assim, a sujeição do agente à regra disciplinada na Lei 8.137/1990.

A tendência, inclusive, pode permitir absorção do tipo quando, exemplificativamente, se intenciona demonstrar a sonegação, e na sua capilaridade é possível encontrar falso documental com esta finalidade. Daí por que, no mesmo instante, o valor probatório tem seu relevo, sobretudo para dirimir o tipo penal e permitir correta descrição na individualização da pena.

Desta maneira, também, a instrução probatória volta-se para comprovação, nos seus respectivos aspectos, da maneira pela qual se comportou cada sujeito passivo, sendo relevante na individualização da sanção penal e das circunstâncias objetivas do delito.

Indaga-se sobre a validade de prova obtida por meio ilícito na configuração do delito penal tributário, ao arrepio do art. 5º, LVI, da CF, citando-se a título de exemplo a gravação telefônica feita pela autoridade policial e utilizada pelo Ministério Público para feitura de sua denúncia.

Notadamente, o ilícito tributário penal poderá adjetivar meios probatórios conjuntos ou isolados; no caso mencionado, a gravação telefônica indigitada clandestina, em tese, não serve de subsídio, mas poderá enfocar elemento satisfatório, quando corresponder ao contexto da prova escrita.

Pondere-se que os meios probatórios modernos sugerem consensualismo na forma e capacidade de fundo, para que não se atropele a etapa do procedimento, em detrimento da realização da instrução processual.

4.4 Habeas corpus

Remédio constitucional assegurado na Carta Política de 1988 – art. 5º, LXVIII –, tem sido regularmente utilizado, em caráter preventivo mas também persuasivo, em sede de apuração da responsabilidade penal tributária.

Preambularmente, o remédio heroico tem sido viabilizado para trancar a ação penal ou impedir seu curso quando fatores exógenos demonstram a plausibilidade da impetração, sem ônus, principalmente quando ainda não determinada na esfera administrativa a existência de tributo.

Entrementes, em razão da estrutura do Judiciário nacional, a impetração do *habeas corpus* tem sido feita comumente em todos os níveis de poder, abrangendo os tribunais estaduais, o STJ e precisamente o STF. Com isso, se espera um pronunciamento atinente à responsabilização do agente; porém, não se pode criar conflitos quando os elementos da persecução criminal se fazem presentes.

O trancamento da ação penal pela via do *habeas corpus* é medida extremamente excepcional, catalogando constrangimento ilegal, tanto em sede de prisão preventiva como durante o curso da ação penal proposta.

Nesta circunstância, decretada a prisão preventiva, lança-se mão do *habeas corpus*, o qual exige rigorosa análise e poderá, inclusive, antecipadamente incursionar pelo tipo legal da responsabilização, fazendo com que se revista de prévia característica de verificação a respeito do ilícito penal tributário.

De qualquer sorte, o caminho do *habeas corpus* também tem curso nas hipóteses de parcelamento do débito, adesão ao REFIS, eventual surgimento de uma lei de anistia, proclamando-se fatos endógenos e exógenos que exigem a não responsabilização do agente, podendo acarretar a liberdade ou, simplesmente, quando já existente, o fim do processo.

Nesta toada, ao aderir ao REFIS, o interessado se via livre do prosseguimento da ação penal, que ficava suspensa; porém, quando deixava de recolher, automaticamente ensejava a continuidade do processo criminal; a insignificância do valor, diante do princípio da proporcionalidade, em alguns casos, direcionava o *habeas corpus* no sentido de evidenciar resultado prejudicial ao agente e irrelevante para o contexto do Estado.

Fundamentalmente, referida medida judicial vem sendo utilizada frequentemente na prática, em atenção à interpretação do campo abrangente da Lei 8.137/1990, ainda nos crimes contra a seguridade social, não aplicação de benefícios fiscais ou na prática fraudulenta, dissimulada, tentando evidenciar imunidade, quando, na verdade, há sujeição ao recolhimento integral do imposto.

Nesta visão apertada sobre a matéria, o *habeas corpus* também tem seu lineamento nas circunstâncias do pagamento integral do tributo, em curso a ação penal; assim sua ocorrência projeta a extinção da ação, nos moldes do art. 5º, XL, da CF e art. 61 do CPP.

Chegando ao conhecimento do órgão julgador, ou do juízo monocrático, informe comprobatório de pagamento, de ofício a ordem poderá ser concedida, para efeito de extinção da ação, uma vez que assim está disciplinada a matéria, bastando o recolhimento integral da obrigação tributária e seus encargos.

Tópico interessante refere-se à impetração de *habeas corpus* na hipótese de andamento da ação penal: estando denunciados cinco administradores de determinada empresa, apenas um deles se vale do remédio constitucional, e com êxito, ficando a dúvida sobre se todos os demais poderiam ser beneficiados de ofício.

Singularmente, a solução do assunto dependerá, por certo, do tipo legal, da matéria arguida, da relação de autoria e materialidade. Assim, se a ordem foi concedida, pura e simplesmente, porque o interessado não compunha o quadro societário à data dos fatos, a extensão de ofício aos demais não se oferece consistente.

De modo contrário, contudo, se a impetração objetiva proclamar a falta de descrição de fato típico em relação aos administradores da companhia e o remédio constitucional colhe êxito, inequivocamente, o benefício será ampliado para todos, isto porque o lapso incorrido no tocante ao enquadramento seguramente prejudicará a continuidade da ação penal.

Apregoam Zelmo Denari e Paulo José da Costa Jr.[8] que o elemento subjetivo do crime sinaliza o dolo genérico, podendo ser conceituado na modalidade da vontade livre destinada à prática de qualquer uma das três formas abrigadas pelo legislador, albergando a culpa consciente ou conhecimento capaz de responsabilizar o agente.

Dentro deste ângulo de observação, muito comum o uso do *habeas corpus* em sede de processo criminal tributário, tanto antes da denúncia como ao seu tempo, ou por fato superveniente, procurando examinar a culpabilidade e permitir que o constrangimento não ocorra, pelo caminho do trancamento e da consequente extinção da ação penal.

4.5 Sentença criminal

A parte essencial do procedimento criminal hospeda-se na decisão de mérito que acolhe ou rejeita a denúncia, procurando, assim, destacar a responsabilidade dos agentes ou infirmá-la, ante o resultado da prova produzida e demais elementos assentes no litígio.

De fato, quando isolado o crime tributário, a discussão se faz em torno dele, única e exclusivamente. Daí, na fixação da pena, a sentença criminal coligirá os critérios objetivos e subjetivos, atento o julgador à pena-base disciplinada pela Lei 8.137/1990.

Hipótese diversa, quando reunidos diversos fatos típicos de ilícitos penais, ocupando o delito tributário função no universo da denúncia, resulta claro que sua configuração levará em consideração todas as demais infrações consubstanciadas no procedimento, em termos seguros de individualização da pena, aferição dos antecedentes, periculosidade e a possibilidade de recurso em liberdade.

Momento decisivo que se apresenta é a prolação da sentença penal no bojo do crime tributário, evidenciando a conduta, a descrição do fato, sujeição ao tipo legal, de acordo com a peça acusatória expressa na denúncia.

Efetivamente, o juízo vincula-se ao fato típico marcado na denúncia criminal, haja vista sua relevância e a instrução processual penal, donde qualquer alteração somente pode ser feita em obediência ao princípio do amplo contraditório.

8. Paulo José da Costa Jr. e Zelmo Denari, *Infrações Tributárias e Delitos Fiscais*, 2ª ed., São Paulo, Saraiva, 1996.

Nesse diapasão, portanto, a sentença decidirá a respeito do caso concreto, salientando se o delito diz respeito a imposto, taxa ou contribuição, também à seguridade social, em qualquer modalidade, perpassando o mero exame formal para situar coerência na concatenação dos fatos, no aprimoramento entre a norma abstrata e aquela concreta que se traduz na própria sentença.

Na configuração do delito são levados em consideração os princípios da anterioridade e da retroatividade, não podendo servir de minorante simples alegação de tributo confiscatório, independentemente da sua incidência e do regime de aplicação, no campo da obrigação tributária principal e acessória.

A doutrina sempre atual de René Ariel Dotti[9] enuncia os princípios gerais para a proteção do bem jurídico penal em termos de arrecadação tributária; sucede, contudo, que, ao lado da legislação extravagante, nada impede que o juízo analise a legislação complementar – no caso, o próprio Código Tributário Nacional.

Seguindo referido pensamento, a sentença penal também poderá se pronunciar, até de ofício, acerca do lapso prescricional para seu reconhecimento, traduzindo extinção da punibilidade, ou eventual fato superveniente que apresente sintonia com o curso da ação penal.

Decisivamente, a sentença que aprecia o corpo da prova instaura nova etapa, tanto se condenatória for ou absolutória, isto porque encerra a prestação jurisdicional e desemboca no caminho recursal.

A condenação traz seu foco no comando da denúncia, da prova e dos elementos documentais, levando ao raciocínio claro e seguro sobre autoria e materialidade; enquanto a absolvição está enfeixada em alguma das hipóteses do art. 386 do CPP.

De essencial, a sentença penal condenatória, abstraindo-se dos fatos, torna concreto o ilícito e permite a fixação de pena, destacando seu regime de cumprimento; estando recolhido o agente, também se pronunciará sobre o recurso do custodiado, tudo na diretriz de futuramente poder ser expedida a carta de guia.

Discute-se no território nacional a promiscuidade do regime prisional, sem seletividade, misturando presos perigosos e condenados pelos

9. René Ariel Dotti, *Reforma Penal Brasileira*, Rio de Janeiro, Forense, 1988.

ilícitos penais tributários; contudo, agora começa o Governo Federal a construir presídios, e, nesta hipótese, tratando-se de tributo de sua responsabilidade, haja vista a gravidade, nada impediria sua utilização costumeiramente.

Não se há de distinguir o delito pelo local de cumprimento, muito embora se reconheça a extrema desolação de ocupar minúsculo espaço na companhia de delinquentes igualmente perigosos; mas tudo se resume na anomalia da Lei de Execução Penal, a sugerir revisão.

No processo criminal tributário poderá haver assistente de acusação, acompanhando o desenrolar dos fatos, desde que aceito pelo juízo e comprovando seu real interesse, de cunho processual, cuja sentença absolutória dará ensejo a recurso pelo órgão ministerial e pelo assistente aceito.

A decisão condenatória enseja recurso, evidentemente, do condenado e também do Ministério Público, caso dissinta do enquadramento, da pena fixada, do regime prisional ou qualquer outro aspecto contido na sentença.

Efetivamente, a decisão do processo tributário penal baseia-se no núcleo da denúncia e no alargamento do procedimento concatenado à responsabilização, colimando, com isso, ditar regra a respeito da conduta dos agentes, individualizando para cada qual o substrato condenatório.

Explica-se, em outras palavras, a deontologia do ciclo da sentença criminal, isto é: na presença de vários denunciados, pelo mesmo ou por outros artigos, cumpre ao juízo individualizar a pena, caso a caso, evitando nulidade, possibilitando o lançamento do nome do réu no rol dos culpados, quando houver o trânsito em julgado da sentença.

Diante de delitos de maior periculosidade, continuidade delituosa ou concurso, o juízo poderá elevar a pena conforme as circunstâncias exasperadoras, justificando o mecanismo, a fim de que se permita um aspecto muito claro em torno da ilicitude, do início e término da pena e também de suas consequências práticas.

Na verdade, raramente se conseguem constatar pelo relatório verificado casos de prisão por crimes fiscais: a uma, pela possibilidade do parcelamento, suspendendo a demanda; a duas, pelo pagamento, extinguindo a causa; e, por derradeiro, e igualmente relevante, o tempo de tramitação da ação, cuja sentença condenatória propiciará regime semiaberto, em condições adversas, conforme a disponibilidade existente – o que implica dizer que muito raramente será custodiado o agente responsabilizado.

Excepcionalmente o condenado por delito penal tributário tem cumprido a reprimenda no regime fechado; somente se aplicaria o raciocínio quando o crime estivesse conexo com outros de maior gravidade, de lavagem de dinheiro, formação de quadrilha, peculiares à ritualização do crime organizado.

Em termos de Brasil, os condenados que cumprem penas, em regime fechado pelo cometimento de crime tributário são pouquíssimos, exceto se a materialidade e a continuidade delitiva forem de tal monta que a pena mínima supere, em virtude dos delitos apontados, a expectativa do regime semiaberto ou, propriamente, do aberto.

Diretores e administradores de empresas que se valem de procedimentos ilícitos na importação e exportação de produtos podem alcançar penas mais elevadas, porém não percamos de vista que no sistema atual vigora pena máxima de 30 anos, a qual se considera suficiente para fins de ressocialização do condenado.

Aspecto vivamente interessante, e que será alvo de muitas interpretações, refere-se ao cometimento de ilícitos penais tributários no ramo do comércio eletrônico. Daí por que esse monitoramento da fiscalização deverá ser permanente, até em virtude de ausência de domicílio tributário permanente.

E a guerra fiscal, de certa forma, amplia a exploração do comércio eletrônico, de maneira incomum, possibilitando-se, assim, que Estados mais ricos da Federação não abram mão de suas receitas, em detrimento do nivelamento entre a origem e o destino da mercadoria.

Fato é que, dos 27 Estados da Federação, não excluídas as áreas pertencentes à Zona Franca, e também atividades cujas alíquotas são zero, temos um complexo modelo de comércio eletrônico, o qual se propaga para a esfera internacional.

E, dentro desse mecanismo insuperável e irreversível do comércio eletrônico internacional, as autoridades precisam ter transparência na fiscalização, e principalmente a Receita Federal, na liberação dos produtos e incidência de impostos de importação, para manter acesa a chama do próprio substrato da atividade empresarial.

Capítulo 5

Responsabilidade Penal Tributária

5.1 Delação premiada. 5.2 Menor potencial ofensivo. 5.3 Parcelamento e pagamento. 5.4 Concurso de agentes e concurso de delitos. 5.5 Prescrição penal tributária.

5.1 Delação premiada

A colaboração do agente na apuração do ilícito penal tributário e delitos organizados possibilita aplicação de redutor no cálculo da dosimetria da pena, de modo a mostrar o espírito de auxílio nas atividades do Estado em direção à consecução da responsabilidade penal.

Converge do parágrafo único do art. 16 da Lei 8.137/1990, em sintonia fina com a alteração feita pelo Diploma 9.080, de 19.7.1995, a perspectiva de redução de um a dois terços da pena quando o agente revelar à autoridade policial ou judicial toda a trama delituosa.

Nas hipóteses de crime organizado – Lei 12.850, de 2.8.2013 –, a redução é sinalizada sob a forma de minorante de dita colaboração espontânea quando permite o esclarecimento das infrações penais e sua autoria, incidente na pena o fator de um a dois terços em prol do agente.

Não podemos esquecer que a Lei 12.846, de 1.8.2013, trouxe importante capítulo envolvendo a anticorrupção empresarial, com reflexos bastante pontuais em relação aos delitos penais tributários.

Existe todo um sistema de presença constante da Receita Federal, do Banco Central do Brasil/BACEN e do Conselho de Controle de Atividades Financeiras/COAF para envolvimento no descobrimento das operações e na constatação de atos ilícitos.

Ao lado disso, também é importante notar que a Lei 12.694, de 24.7.2012, definiu julgamento colegiado, em primeiro grau, dos crimes praticados pelas organizações criminosas – o que pode estar conexo com o risco penal tributário.

Repercussão importante no âmbito do crime tributário, a Lei de Lavagem de Dinheiro, n. 12.683/2012, acentua que a extinção da punibilidade do delito tributário não afeta ou é absorvida por aquele outro – o que permite concluir no sentido do livre prosseguimento da ação, em atenção aos crimes conexos ou relacionados.

Assinala Rodrigo Sánchez Rios[1] que o delito fiscal pode estar associado ao crime organizado; porém, há um momento processual efetivo para que a delação traga resultado no concernente ao mecanismo da lavagem de dinheiro, sendo a conversão de recursos derivados de atividades criminosas em capitais aparentemente lícitos, donde o papel do agente é fundamental, notadamente na investigação do ilícito penal tributário.

O fator redutor da pena, em toda circunstância, apenas tem aplicação se efetivamente a delação for positiva e colaborar no campo da investigação do ilícito e apurar a participação de todos, inclusive em relação à organização criminosa.

Exceto se o agente não tiver conhecimento do fato ao tempo do interrogatório, a lógica aponta na direção da delação no sentido de ser conduta de resultado, e não de meio. Explica-se: a manifestação em termos de colaboração precisa produzir eficácia, sem a qual o redutor não se aplica.

Nesta visão sobre o conjunto, no crime meramente fiscal ou nos conexos, naqueles em que houver delito organizado, a colaboração é elemento indispensável à apuração plena da responsabilidade.

Essencialmente, a delação premiada parte da iniciativa do agente, e pode ser implementada no aspecto da investigação, na fase policial ou durante o curso da ação penal.

O delator recebe uma recompensa, traduzida na aplicação de um redutor na sua pena individualizada, haja vista o sentimento favorável

1. Rodrigo Sánchez Rios, *O Crime Fiscal*, Porto Alegre/RS, Sérgio Antônio Fabris Editor, 1998.

em prol do Estado na delimitação do delito e consequente atingimento da responsabilidade de todos, indistintamente.

Fábio Konder Comparato,[2] escorado na lição de Hegel, salientava o campo abstrato do Direito, distante da vida real, na interface relações morais e éticas (*moralische – und sittliche Verhaltnisse*), sendo nítida a separação entre conceito privado e conceito público.

O colaborador da Justiça, entendido como o partícipe do fato delituoso, tem a seu favor um espaço maior na individualização da pena na chamada delação premiada, que se resume no acertamento decorrente do seu comportamento, atitude positiva no resultado final da investigação e imposição de sanção.

No delito penal tributário a livre manifestação de vontade do agente que resolve fazer a delação premiada atinge o processo como um todo, na medida em que permite o conhecimento pleno da verdade e facilita a posição do Estado na consecução do resultado prático.

Nota-se que a delação pode estar vinculada tanto ao crime praticado exclusivamente pelo agente-delator como ao praticado por pluralidade de infratores, isto é, em concurso de agentes, podendo envolver a descrição do comportamento e os nomes das pessoas que praticavam ou se favoreciam do *modus operandi*.

O Estado fora lesado, e surge a possibilidade de um encontro da verdade, mediante a delação premiada, onde o interessado passa a mostrar o lado verdadeiro da trama, relatando os acontecimentos, expondo com riqueza de detalhes e precisão.

Desta forma, um preposto da empresa ao ser pilhado em flagrante quando adulterava a escrituração da sociedade muito bem poderá relatar que o fato se apega a ordem recebida e indicar os preponentes relacionados, inclusive com o escopo de reduzir a carga de sua responsabilidade.

O mecanismo do ilícito tributário pode ser desvendado com o apoio deste delator, que colabora definitiva e decisivamente para o resultado de se chegar ao prejuízo, aos envolvidos e a uma pena voltada para o enquadramento de suas condutas.

2. Fábio Konder Comparato, Ética – *Direito, Moral e Religião no Mundo Moderno*, São Paulo, Cia. das Letras, 2006.

5.2 Menor potencial ofensivo

O Fisco, de forma geral, tem procurado alcançar, ainda que indiretamente, o verdadeiro custo-benefício da cobrança da Dívida Ativa, em termos de inscrição e valores.

A respeito, importâncias que não superem 20 mil Reais, para fins de cobrança da Dívida Ativa, não serão inscritas, exceto se houver garantia, integral ou parcial, útil à satisfação do crédito.

Esse fator merece atenção para a própria definição em relação ao delito penal tributário de menor potencial ofensivo, chamado de "crime de bagatela".

Quando descortinamos a vinculação do crime tributário ao prejuízo de ordem patrimonial experimentado pelo Estado, manifestamos a modalidade que afeta a relação de normalidade e impede que a receita ingresse nos cofres da entidade de direito público.

Existe todo um mecanismo de política criminal nos delitos tributários, na configuração da sanção, na pena de multa ou na pena alternativa, ainda na expressão da Lei 9.099/1995, dos Juizados Especiais.

Sabemos que o legislador foi mais longe ao prever que, ao colaborar com o delito, a pessoa física incide nas penas conforme a catalogação de sua culpabilidade, donde ser plausível a tônica de um menor potencial ofensivo.

Nesta quadra, a individualização da pena serve para instrumentalizar a responsabilidade, enquanto a regra do menor potencial ofensivo evidencia a insignificância da lesão, ponderando a realidade do enquadramento compatível com a norma.

Destaca Hugo de Brito Machado[3] que os crimes contra a ordem tributária são sempre dolosos, não podendo a simples conduta equivocada corresponder a algum tipo de sanção na esfera do ilícito.

Consequentemente, quando o agente comete o delito agindo com dolo específico ou culpa consciente, tem em mente o prejuízo causado ao Estado. No âmbito da microempresa, o não recolhimento do ICMS, não obstante a obrigatoriedade, é menos nocivo se comparado à sonegação de uma microempresa.

3. Hugo de Brito Machado (coord.), *Sanções Penais Tributárias*, São Paulo/ Fortaleza, Dialética/CET, 2005.

Bem sinalizada a espécie, sabemos que invariavelmente uma questão de opção desemboca na falta de recolhimento do imposto; prefere-se pagar a folha dos assalariados do que repassar à seguridade social. Ainda que se possa cogitar de tênue linha de exculpação, tem-se a necessidade do melhor enquadramento.

Com efeito, desde seu nascimento, desenvolvimento e *performance*, o delito tributário tem nuanças próprias. Assim, não se permite uma configuração de prejuízo elevado nas condições de um dano quase insignificante.

Procurando traduzir em palavras diretas e objetivas, o empresário de atividade cujo ganho é mínimo e produz uma lesão tributária irrelevante não pode sujeitar-se aos mesmos desígnios daquele que comete o delito em continuidade e provoca um prejuízo incalculável.

O menor percentual ofensivo deve ser reputado uma realidade de caráter inerente ao resultado derivado do comportamento havido. Em tais condições, o que se pretende significar é que a Lei 9.099/1995 teria seu campo de incidência na primazia de destravar o andamento da ação e permitir a transação penal.

No dizer do saudoso Alfredo Augusto Becker,[4] a hipótese de incidência carrega o fato econômico e também a capacidade contributiva, elementos inseparáveis, de modo a classificar o negócio jurídico tributário e sua espécie de ilicitude.

Seguindo tal linha de raciocínio, portanto, a lesão de menor potencial ofensivo no ilícito tributário deveria se apegar à descrição de um resultado que se traduzisse na transação ou na consecução de multa ou pena alternativa.

Não faria o menor sentido impor idêntica sanção ao sonegador de 100 salários-mínimos e àquele que utiliza sofisticado procedimento eletrônico, falsifica documentos e causa um rombo ao Erário superior a 1 bilhão de Reais; no primeiro caso temos um empresário que não conseguiu recurso para a satisfação da obrigação; no outro, um presumido crime organizado, por meio do concurso e prática reiterada.

4. Alfredo Augusto Becker, *Teoria Geral do Direito Tributário*, 3ª ed., São Paulo, Lejus, 1998.

Com muita propriedade assinalou Ives Gandra Martins[5] ao se referir ao aumento dos gastos públicos proporcional à imposição tributária, gerando um conflito entre os direitos do contribuinte de se sujeitar a uma tributação justa e do Estado de exigir do cidadão aquilo que não ajudou a ganhar e fazendo má aplicação do recurso a ele destinado.

Vivenciada esta realidade, o potencial do crime de menor lesividade ao Estado, mesmo que esteja dentro do raio de tipificação previsto na Lei 8.137/1990, não pode gerar uma sanção nos moldes da delimitação existente, encaminhando ao posicionamento evidenciado de uma submissão aos juizados criminais.

Legislações mais avançadas introduziram um limite considerado razoável para que se tipifique o delito: não atingido o teto mínimo, ineliminavelmente, seria uma infração administrativa, pura e simplesmente.

Enxergamos com bons olhos esta situação prática, haja vista que a punição, analogamente ao que ocorre com débitos tributários de valor irrisório, desgasta ainda mais a máquina do Estado, cujo resultado implica custo-benefício desproporcional à meta que se pretende alcançar.

Nesta toada, a "separação do joio do trigo" encerraria a polêmica, daria celeridade à apuração e manteria apenas nos casos mais graves a ação penal como fator de estabilidade das relações entre Estado e contribuinte.

Em linhas gerais, a Lei 9.983, de 14.7.2000, ao incluir no CP o art. 337-A, sem sombra de dúvida, permitiu ao julgador impor perdão judicial ou simples pena pecuniária em casos determinados, com o propósito de política criminal e aferição de valores das contribuições da Previdência Social.

Nesta circunstância, consideram-se a primariedade do agente e os bons antecedentes quando o fato delituoso se exteriorizar na falta de recolhimento da contribuição da Seguridade Social e o valor da obrigação, inclusive acessórios, for igual ou inferior ao estabelecido pela Previdência, como condição análoga ao procedimento da cobrança da Dívida Ativa.

O princípio da insignificância é considerado, reconhecendo-se a atipicidade dos fatos quando o objeto material ou do tributo não for su-

5. Ives Gandra da Silva Martins (coord.), *Direitos Fundamentais do Contribuinte*, São Paulo, Centro de Extensão Universitária/Ed. RT, 2000.

perior à importância do crédito devido à Fazenda Pública e o mínimo necessário à propositura da execução fiscal, conforme a Lei 9.469/1997.

Sinaliza a Súmula 18 do STJ que a sentença que aplica o perdão judicial tem natureza declaratória de extinção da punibilidade, não subsistindo qualquer efeito condenatório. Ao contrário do pensamento externado pelo STF no sentido da natureza condenatória prevalecente.

De fato, com a conclusão do procedimento administrativo e a verificação destes aspectos singulares, de atipicidade ou da irrelevância para a esfera penal, a autoridade sequer deveria se dar ao trabalho de proceder à representação e seu encaminhamento ao Ministério Público; a nosso ver, não configuraria prevaricação, mas, sim, direta interpretação dos fatos tendo em vista a realidade concreta.

Interessante a lição de Sacha Calmon Navarro Coêlho e outros[6] no sentido do balanceamento e sopesamento de princípios no interpretar a Lei Maior e subsunção ao quadro infraconstitucional, para dissipar dúvida e ter contorno de relevância no alcance da norma.

Desta forma, o fato penal relevante é aquele que sobressai da conduta do agente e se compatibiliza com o resultado lesivo ao Estado-Fazenda Pública, de cuja oportunidade de retratar a infração administrativa muitas vezes não ocorre efeito na esfera penal propriamente dita.

Bem andaria o legislador se disciplinasse com maior detalhamento esta circunstância da tipicidade do crime de menor potencial ofensivo e da sujeição aos Juizados Especiais Criminais, como radiografia imprescindível ao novo modelo de importância da lesividade e dentro das funções inerentes à política criminal.

Destarte, quando se cogita de crime organizado ou delito de enorme repercussão vem agindo a força-tarefa para prevenir e diagnosticar cautelas essenciais e, sobretudo, concluir a investigação com transparência e efetividade.

5.3 Parcelamento e pagamento

Dentro do plano de querer pressionar o contribuinte ao recolhimento da obrigação tributária e seus acessórios pela via do crime tributário

6. Sacha Calmon Navarro Coêlho, Misabel Derzi e Humberto Theodoro Jr., *Direito Tributário Contemporâneo*, São Paulo, Ed. RT, 1997.

tipificado, normal considerar que sob o prisma de visão da legislação foram abertos espaços destinados à consecução do pagamento.

Anote-se que o parcelamento e também o pagamento influenciam diretamente no aspecto da ação penal, do seu normal andamento, e percorrem o caminho da extinção da culpabilidade quando há a liquidação integral da obrigação e dos respectivos acessórios da mora.

A nova disposição do Estado enraizou princípio de parcelamento dos débitos tributários, atingindo a Fazenda Nacional e a própria Seguridade Social. Consequentemente, Estados e Municípios, combalidos pelo alto endividamento, seguiram idêntico caminho para fins de encampar a ideia do parcelamento.

Os chamados REFIS foram sendo editados a rodo, na medida em que se contatavam a fragilidade e a inconsistência de dados das empresas, as quais muitas vezes eram impelidas à adesão para evitar sanções administrativas ou na esfera penal.

Atualmente, com a entrada em vigor da Lei 12.382, de 25.2.2011, o parcelamento do crédito tributário somente atingirá objetivo na esfera da investigação penal se anteceder o oferecimento da denúncia.

Dessa maneira, pois, o pedido de parcelamento terá que ser formalizado antes do recebimento da denúncia criminal.

Conquanto se saiba que não existe prazo próprio para a Administração Pública se pronunciar a respeito do pedido de parcelamento, a interpretação da expressão "formalização" não significa, em absoluto, a chancela de sua aceitação.

Deverá o contribuinte comprovar que encaminhou pedido dentro do prazo legal, com os documentos e a proposta de parcelamento, no âmbito da Administração, da repartição pública, a fim de que possa protocolizar e radiografar essa realidade nos autos do inquérito e da investigação criminal.

Nada impede, contudo, que se aguarde, por prazo determinado, mediante prova inequívoca, ter sido aceito o pedido de parcelamento junto à repartição pública, com manifestação favorável do Fisco, obstaculizando o início da ação penal mediante oferecimento de denúncia.

Proclamando sua visão sobre o tema, o STF teve a oportunidade de se pronunciar no sentido de que a adesão ao REFIS, por si só, traz como consequência a suspensão do processo criminal se a adesão se fizer antes de sua abertura, cujo processo permanecerá sobrestado, até que todas as parcelas sejam liquidadas, de acordo com o HC 81.444, impetrado pelos responsáveis pela Comunidade Evangélica Luterana de São Paulo, mantenedora da Universidade Luterana do Brasil/ULBRA, com sede na cidade de Canoas, no Estado do Rio Grande do Sul.

Não se há de confundir a etapa final do procedimento administrativo com o parcelamento ou pagamento da obrigação tributária; no primeiro caso não aconteceu ainda a circunstância definitiva a respeito do núcleo da relação jurídico-tributária, hipótese diversa da que ocorre no recolhimento da dívida e no próprio pagamento.

Elaborados diversos diplomas normativos disciplinando o REFIS, também se adotou o modelo vinculado aos pequenos e microempresários, consistindo, assim, uma extensão daquela regulamentação para todo e qualquer tipo de contribuinte, sempre no propósito de se obrigar à desistência de eventual ação judicial.

Na dicção da Lei 9.249/1995, art. 34, nos crimes contra a ordem tributária a extinção da punibilidade apenas sucede em função do pagamento do tributo anterior ao recebimento da denúncia, fato alterado pelo Parcelamento Especial/PAES (Lei 10.684/2003) ao permitir o encerramento em qualquer fase, desde que comprovada a liquidação da obrigação.

Em períodos apertados, notadamente de baixa arrecadação, de crise empresarial, servem os REFIS como paradigma de estabilidade e redução das investidas do Fisco para eventual arrolamento de bens, medidas cautelares ou de ordem processual, afetando inclusive os sócios e administradores.

O STF consolidou seu entendimento por meio da Súmula Vinculante 24, afirmando que é indispensável o encerramento do procedimento administrativo, mediante lançamento tributário, para se cogitar de ação penal visando à responsabilidade do contribuinte.

A grande discussão está em torno do reingresso de empresas excluídas para os programas de refinanciamento, haja vista o elevado percentual daquelas excluídas em virtude de fraude ou inadimplemento.

O leque de exclusão representa quase 80% do total de empresas, afirmando-se, em razão disso, que o Governo Federal teria uma carteira de inadimplentes superior a 100 bilhões de Reais destinados aos cofres da União.

Os programas de refinanciamento também tiveram forte impacto em relação às empresas em crise, em recuperação judicial, dispensando-se a Certidão Negativa para fins de aprovação do plano, porém priorizando-se o parcelamento, de maneira coerente e coesa com o próprio tempo de duração do estado de recuperação.

O advento da Lei 10.174/2001 permitiu fossem utilizados os dados da extinta CPMF, objetivando a fiscalização e a constituição do crédito tributário, cujo pronunciamento, à época, do Min. Castro Meira, do STJ, foi na seguinte direção: "A Lei n. 10.174/2001 revogou o § 3º do art. 11 da Lei n. 9.311/1996 (instituiu a CPMF), permitindo a utilização de informações prestadas para instauração de procedimento administrativo-fiscal a fim de possibilitar a cobrança de eventuais créditos tributários referentes a outros tributos".

Consequentemente, embora largos os caminhos que favorecem a posição do Fisco, não se pode deixar de assinalar a falta de pessoal nos quadros e de recursos disponíveis e a acentuada demora, que permite também a declaração de ofício da prescrição.

Transportada a realidade do parcelamento ou do pagamento para a visão da responsabilidade penal tributária, tudo isso pressupõe que exista a formalização documental da adesão ou comprovação da liquidação da obrigação, de tal sorte a privilegiar o contribuinte.

Irradia o parcelamento o sobrestamento da ação penal, caso esteja em curso, na hipótese de não ter corrido a denúncia. A condição de prejudicialidade estará disciplinada por falta de elemento configurador, porquanto se retira do campo penal a responsabilidade, por efeito do simples reconhecimento do débito.

Quando procurou aumentar o espectro da repressão no comando da disciplina penal tributária, ao mesmo tempo coube ao legislador criar caminhos que permitissem e facilitassem o parcelamento da obrigação tributária.

Em outras palavras: no viés da pressão de natureza psicológica, ou se adere ao REFIS, e paga aquilo que deve de forma parcelada, ou se fica "ao sabor da maré", sujeito à denúncia criminal, na tipificação da Lei 8.137/1990.

Por tudo isso, e na concatenação do raciocínio pontual, a forma de parcelar significa que a ação penal está suspensa, não correndo o lapso prescricional; se porventura houver o rompimento do acordo, de imediato se comunicará, para efeito de prosseguir na apuração da responsabilidade penal do agente.

Nesta toada, não se pode dissimular o contribuinte moroso ou inadimplente sob a batuta da legislação e na percepção de fugir do campo da incidência penal tributária ao efetuar adesão ao parcelamento e logo em seguida deixar de pagar a obrigação; neste ponto de vista, não se atenua a conduta, e se demonstra o único efeito de bloquear a condenação.

Naturalmente, segundo a forma pela qual se desenha a adesão ao parcelamento no contexto da ação penal tributária em andamento, a suspensão se estabelece como medida para futuramente excluir o elemento doloso, e para tanto se aguarda o findar do cumprimento do pactuado.

Indaga-se, na visão desta percepção: se a dívida remanescente impaga não for de relevo, poderá o Fisco desconsiderar, com reflexo na ação penal?

Proclamamos ponto de vista no sentido da proporcionalidade, razoabilidade e logicidade, que são princípios inerentes à Administração Pública, de tal sorte que, se o contribuinte recolheu a maior parte da obrigação e o valor que sobrou não tiver grandeza de relevo, a cobrança se tornará indesejável e custosa, cuja ação penal não terá outro encaminhamento exceto sua prejudicialidade.

Diante disso, o pagamento sobressai como forma relevante e significante, porquanto tem o condão de pôr fim ao processo penal e apagar todos os atos praticados no bojo da responsabilização do contribuinte inadimplente.

Efetivamente, ao ser disciplinado o pagamento como forma de extinção da ação penal, a nosso ver, não andou bem o legislador no sentido de permitir que a máquina do Estado fosse toda ela empenhada nessa atribuição e depois soçobrasse ao mínimo comportamento do devedor relapso.

De tal sorte, pois, pensamos deva o pagamento no andamento da ação penal servir como causa minorante da pena, e não como simples forma de extinção de punibilidade, a favorecer aqueles que cometeram o delito e de algum modo não pagaram a tempo a soma devida.

Com efeito, aquele numerário seria destinado aos cofres da Fazenda visando a obras públicas, melhorias e construção de escolas, merenda, saúde e outros serviços públicos que não foram feitos, diante da falta de recolhimento, afetando o interesse público como um todo. Donde é plausível simplesmente dosar a pena visando a manter hígido o controle das funções do Estado.

Explica-se desta maneira: o contribuinte pontual não tem qualquer benefício ou ordem que o privilegie, ao passo que o moroso e inadimplente sempre será favorecido com o advento da legislação, entronizado com a certeza da impunidade.

Desenha-se, por tal ângulo, e nesta premissa, a inexistência de crime a punir nas condições de liquidação da obrigação em qualquer estágio do processo criminal tributário.

Resta a dúvida: se a comprovação do pagamento advier à sentença penal condenatória prolatada, qual seria o caminho a ser adotado em prol do contribuinte? Havendo emperramento burocrático da máquina ao juntar o documento, ou da Fazenda de comunicar, cremos que o *habeas corpus* poderá ser impetrado; mas, se ao pagamento provier condenação em grau recursal, o tribunal que apreciar o inconformismo sinalizará se é possível alguma minorante.

Em linhas gerais sobre o tema do parcelamento e do pagamento, influentes e interferentes na responsabilidade penal tributária, deve-se ficar atento ao tempo da feitura e do resultado prático conseguido.

Respeitante, portanto, à eficácia prática do pagamento do tributo, em qualquer circunstância do estágio do processo penal, decidiu-se por aplicação retroativa da Lei 10.684/2003, art. 9º, combinado com o art. 5º, XL, da CF e o art. 61 do CPP, proclamando-se a extinção da punibilidade do crime tributário.

O Min. Cézar Peluso, relator do HC 81.929-0-RJ, ao examinar o caso concreto do remédio constitucional impetrado contra a autoridade coatora, do STJ, afirmou o seguinte: "O pagamento do tributo, a qualquer tempo, ainda que após o recebimento da denúncia, extingue a punibilidade do crime tributário".

Nesta circunstância específica, o citado Ministro, em voto-vista, destacou que no dia 30.5.2003 sobreveio o ingresso em vigor da Lei 10.684, cujo art. 9º trata dos efeitos penais do parcelamento e do pagamento nas hipóteses dos delitos previstos nos arts. 1º e 2º da Lei 8.137, de 27.12.1990, correspondendo aos arts. 168-A e 337-A, ambos do CP.

Sobredita disciplina traz à baila a importância do pagamento e seu reflexo imediato para decretação da extinção da punibilidade, mesmo de ofício, quando recolhido o valor do tributo e os acessórios da obrigação, deixando muito claro Cézar Peluso que a eficácia real dos crimes contra ordem tributária formatou modelo reforçado de execução fiscal.

Fundamentalmente, portanto, a responsabilidade penal inexistirá se houver o pagamento da obrigação antes da sentença prolatada no processo penal, realçando a valoração ditada pelo legislador, emblematicamente considerado, de conotação ímpar, a simbolizar, sem sombra de dúvida, o escopo primeiro da legislação penal no aperfeiçoamento da cobrança da Dívida Ativa.

5.4 Concurso de agentes e concurso de delitos

A tipificação do delito penal tributário pode encerrar a prática por diversos agentes, cada um tendo idêntica participação ou, ainda, participações distintas, conforme a modalidade criminosa descrita na denúncia e apurada ao longo da produção probatória da instrução criminal, distinguindo-se do concurso de delitos na esfera do ilícito avaliado.

Com efeito, o legislador destaca os delitos de natureza tributária, implicando a tipicidade de conduta, denotando materialidade e autoria, cujo concurso de agentes pressupõe a participação de várias pessoas no desiderato comum.

Não se cuida de aplicar a teoria finalista, mas de simplesmente conseguir identificar os comportamentos tipificados dos agentes, conforme disciplina do Código Penal, facilitando, assim, a pena a ser individualizada, impondo melhor aprimoramento da responsabilidade de cada agente.

Desta forma, em determinado delito podem ter concorrido diversos agentes que ocupavam os cargos de administradores de uma sociedade anônima ou de empresa limitada; para tanto, essencial sobretudo descrever a conduta para enquadramento e verificação dos poderes inerentes ao exercício da gerência ou do poder de controle.

Exemplificando: em relação ao delito de sonegação, podem contribuir diversos agentes ligados por força do contrato societário, cabendo ao primeiro o falso da escrituração, ao outro em atenção à nota fiscal, e por fim àquele que recolhe importância a menor diante dos fatos examinados.

Consequência de tudo isso: de alguma forma, cada um colaborou direta ou indiretamente na feitura da coautoria, na consecução da tipificação delituosa formatada, sobressaindo, por óbvio, a responsabilidade, que não é necessariamente a pena destinada a cada um dos envolvidos na relação do ilícito tributário.

De fato, o concurso de agentes significa, antes de tudo, a coautoria na descrição dos fatos, rotulados de autoria e materialidade, buscando evidenciar o rastreamento do diagnóstico diagramado diante dos responsáveis pela prática delituosa.

Irradiando efeitos da conduta ilícita, cumpre apurar, em relação a cada um deles, a forma de agir, o resultado alcançado e o nexo presente, donde surge a possibilidade de fixação da pena característica da responsabilidade a eles atribuída.

No que concerne ao concurso de delitos, a responsabilidade penal poderá ser vista sob a ótica dos crimes e eventual absorção quando a hipótese permitir naquelas condições do delito de maior gravidade eliminar aquele de menor gravidade.

Observam-se, no que diz respeito ao concurso delituoso, a autonomia e a independência da tipificação na topografia das condutas, exprimindo, assim, diversamente do delito continuado, outra modalidade específica que atribui no contexto plural múltiplos resultados dos ilícitos tributários.

Invariavelmente, para tanto, é fundamental que o Ministério Público priorize na denúncia o concurso delituoso, ditando toda a forma de ser da materialidade e autoria, permitindo, com isso, regular instrução probatória, na avaliação da fixação da pena relativamente aos crimes tributários.

Detalhadamente, a peça incoativa deverá traduzir a autonomia dos delitos, diferente da continuidade delitiva, para que possa o juízo avaliar a importância e a relevância deles, inclusive para custódia provisória ou definitiva.

Nesta situação, o crime tributário poderá ter curso com outro de natureza distinta, a exemplo da formação de quadrilha, lavagem de dinheiro, roubo de carga, caracterizando a pluralidade de ações delituosas, nas quais os agentes sinalizam penas consolidadas nos delitos tipificados, para efeito de somá-las e atingir o máximo cominado para cada tipo legal.

Exprime-se, portanto, a preocupação do legislador na atribuição do crime tributário e seu retrato constante diante dos demais delitos, de ordem fiscal ou não, trazendo à baila discussão quanto à relevância do tipo legal na caracterização da responsabilidade penal.

No julgamento do HC 31.888-PE, Relator o Min. Gilson Dipp, do STJ, noticiou-se o pagamento do débito tributário depois do recebimento da denúncia, onde a prisão cautelar tinha sido decretada, substancialmente, amparada no crime contra a ordem tributária, tendo sido cassada em atenção ao delito do art. 288 do CP, no que se refere à prisão preventiva dos pacientes.

Destarte, na aferição do delito tributário impõe-se o conhecimento do concurso, a relevância das condutas, fato que interfere, de seu turno, diretamente na fixação da pena, na responsabilização penal do agente; donde se torna imperativo desenvolver o lineamento contido na denúncia, destacado na instrução probatória, no resumo substancial de cada infração penal cometida.

Tipificada a infração tributária e, a seu lado, os demais delitos que foram enumerados, da mesma natureza ou de outra distinta, cumpre balizar a necessidade de segregação e desmembramento, e na dosimetria da pena o predicado ímpar de conotação indispensável no sentido de se saber a periculosidade dos envolvidos e a repercussão do pagamento, ou do parcelamento, em atenção ao concurso delituoso.

5.5 Prescrição penal tributária

Quando se cogita do tema da prescrição do crime tributário tem-se em mente a tripla hipótese de concretizar sua incidência conforme a circunstância temporal e o estágio do procedimento delituoso, haja vista a concepção da Lei 8.137/1990, disciplinando a pena em concreto de cada infração tipificada.

Com razão, podemos abordar a prescrição abstrata, concreta e de ordem retroativa, na dicção da responsabilidade penal, eis que o Estado tem o espaço temporal adequado para imposição de sanção e sua repercussão em atenção ao agente infrator.

Na verdade, a descrição do fato típico imputado a cada agente implica a possibilidade da aplicação da pena e submissão ao comando normativo característico do delito tributário, na modalidade de sua regra objetiva e delimitação subjetiva, verificando-se as causas e concausas do crime.

Doutrina Ângelo Rafael Rossi[7] que a intenção do agente deve expressar o dolo a fim de fugir do pagamento do tributo, dentro da modalidade de sua tipicidade, patente o dano patrimonial praticado contra o Fisco, sendo bastante comum a forma de sonegação; porém, tudo deve estar atento ao regime da prescrição, momento no qual a pretensão punitiva pode ser deflagrada definitivamente.

O CP estabelece, no art. 107, IV, ser causa de extinção da punibilidade a prescrição; assim, precisamos observar se ela ocorre no delito tributário e também nos crimes conexos, porquanto, em tese, não resvalariam na respectiva apuração de responsabilidade, a teor do art. 108 do mesmo *Codex*.

Prioriza-se, assim, a concatenação dos fatos, sendo que o art. 1º da Lei 8.137/1990, ao estabelecer a pena concretamente pontua o mínimo de dois anos e o máximo de cinco anos de reclusão, além da multa, enquanto o art. 2º, de maneira mais branda, contempla punição do agente de seis meses a dois anos de detenção e multa; objetivamente, esta realidade deve ser trabalhada com a imposição feita pelo juízo em cada processo versando crime tributário.

A prescrição não tem seu curso em andamento quando ocorre o parcelamento do débito tributário, motivando conhecimento do Ministério Público, para efeito de aguardar a liquidação da obrigação; tendo havido inadimplemento, retomará o fluxo normal, em obediência ao tempo decorrido.

Resulta claro que a prescrição em abstrato tem sua incidência antes da imposição da pena, se o juízo não puder carrear todas as provas no tempo previsto para a ocorrência do lapso; enquanto aquela concreta decorre da sanção estabelecida; ainda, a retroativa soma-se ao contexto da apuração até o trânsito da decisão.

Normalmente quando se fala da pena mínima de dois anos de reclusão e multa para a hipótese do art. 1º da Lei 8.137/1990, conforme o art. 109 do CP, referida prescrição antes do trânsito em julgado seria de

7. Ângelo Rafael Rossi, *Crime de Sonegação Fiscal*, Rio de Janeiro, Ed. Jurídica Universitária, 1967.

quatro anos, conforme o inciso V, assim definido, consequentemente, pois o balizamento prende-se à subsunção desta regra para que seja aplicada a pena antes de decorrido o lapso temporal.

Nesta circunstância, a condição também exercerá relevância quando houver conexão delituosa, também concurso de agentes. Explica-se: a maior delonga no encerramento da instrução processual pode acarretar, eventualmente, prescrição e extinção da punibilidade.

Durante a apuração administrativa da existência do tributo, podem paralelamente a autoridade policial e o próprio Ministério Público tomar as providências necessárias para efetiva denúncia, coligindo os elementos de escrituração, contabilidade, progredindo para a quebra do sigilo, cruzamento de informes, rastreamento, obtendo, com isso, a radiografia completa da forma de agir dos administradores da sociedade, seus sócios, mesmo gerentes delegados.

Dita-se, pois, que o lapso de quatro anos é bastante razoável na consecução de se conseguir o resultado disposto pela sentença penal condenatória, uma vez que a partir de sua prolação não se pode mais falar naquele tipo prescricional; porém, de acordo com o porte da empresa e todos os demais envolvidos, reconhecendo, ainda, a infraestrutura falha do Judiciário e a dificuldade para verificação dos meios, não se pode absolutamente apontar que o lapso em casos mais complexos seja adequado, podendo irradiar impunidade.

Tudo, entretanto, dependerá dos elementos probatórios, da instrução acusatória e da defesa apresentada, no conjunto do procedimento, objetivando, assim, levar o feito à fase dos arts. 499 e 500 da Lei do Rito, quando a sanção prevista for de reclusão.

Diretamente, a prescrição interfere e repercute na perspectiva do Estado de punir, sendo ele o primeiro afetado com o não recolhimento do tributo e o maior interessado na sentença condenatória, fruto desta sinalização. Compete à Administração, concluído o procedimento administrativo, representar ao Ministério Público, endereçando as peças indispensáveis para que a opinião seja formada o mais breve possível, sem qualquer sobressalto.

Na hipótese do *habeas corpus* preconizando trancamento da ação penal ou sua extinção por qualquer motivo, a prescrição também deve ser analisada. Isto porque, se o trancamento ocorreu em virtude de falha técnica ou pelo não encerramento do procedimento administrativo, na ambivalência exposta, os reflexos são diferenciados.

Mostra-se, com tal pensamento, que o trancamento por falha na peça acusatória não impede que seja renovada a denúncia, feita sua correção, dentro do lapso prescricional que estiver fluindo; enquanto que, se o procedimento administrativo ainda não foi exaurido, o trancamento da ação penal pelo *habeas corpus*, sem sombra de dúvida, permitirá o oferecimento da denúncia quando forem definidos o tributo e os sujeitos passivos da obrigação.

Recebe aspecto relevante a situação do tributo e o lapso prescricional denotando a responsabilidade do agente. Em outras palavras: somente a partir do momento no qual existe a incidência da obrigação fluirá o prazo regulamentar para o cômputo da prescrição em abstrato.

Lembre-se, por tal ângulo, que dependerá do tipo de lançamento para que se tenha a exata noção e a percepção sobre os fatos, anotando-se homologação, autolançamento, quando direto ou indireto, na aferição dos dados, sendo que a regra de cinco anos para cobrar e igual período para que a Fazenda proceda à respectiva análise, em termos prescricionais no âmbito do processo, sem qualquer percepção, não produz eficácia na seara penal.

Basta salientar que o momento da prescrição abstrata tipifica o aspecto do cabimento do tributo e sua relação com a espécie do lançamento, enquanto aquela concreta diz respeito à pena estabelecida, no exemplo citado no art. 1º da Lei 8.137/1990, combinado com o art. 109, V, do CP, sem esquecer, ainda, as causas mais brandas tratadas no art. 2º do mesmo diploma legal, cujas penas variam de seis meses de detenção a dois anos de reclusão e multa.

No caso específico do art. 2º, portanto, a prescrição considerada será de dois anos, consoante o art. 109, VI, do CP, tratando-se de pena de seis meses (mínima) na modalidade de detenção, não tendo o agente antecedentes registrados na consecução desta ocorrência.

Registra-se que a punição prevista na especificidade do diploma que cuida e define os crimes de ordem tributária não é extremamente aguçada, principalmente se considerarmos a primariedade e os bons antecedentes do agente, levando em conta também a demora no grau recursal, tudo repercutindo para abrandar esta modalidade de punição na esfera do crime tributário.

Na iminência de ser deflagrada eventual ação penal para apuração do crime tributário, o contribuinte não tarda a aderir ao programa de refinanciamento, colimando, com isso, afastar o oferecimento da denúncia.

Normalmente os programas de refinanciamento estão disciplinados por meio de medidas provisórias, encaminhadas ao Congresso para efeito de votação e aprovação, aplicando-se a matéria a todo tipo de tributo, Previdência Social, ITR, significando enorme interesse do Fisco de, premido de maior fiscalização, angariar recursos financeiros, por intermédio de uma disciplina enxuta que sensibilize e sinalize o caminho da mudança.

Retratada esta realidade, pois, a prescrição poderá ser arguida em qualquer instância ou grau de jurisdição, notadamente se o processo for para exame ao STJ ou, ainda, ao STF.

Na hipótese de ter ocorrido a prescrição, pendente *habeas corpus* impetrado, natural seu acolhimento, declarando extinta a punibilidade; até de ofício isso poderá acontecer, evitando-se, assim, delongas inócuas, a demonstrar a perda da capacidade do Estado referente à pretensão punitiva de ordem tributária.

Na simbiose formatada existe grau de interdisciplinaridade entre a matéria tributária propriamente dita, até a aferição do tributo, e aquela sinalizando a ação penal, porquanto ficará na dependência da autoridade administrativa o registro da obrigação tributária, tanto principal como acessória, a dimensionar o procedimento a cargo do Ministério Público Federal ou Estadual.

Desta forma, portanto, se existirem crimes conexos, formação de quadrilha, lavagem de dinheiro, contrabando, sonegação, todos eles deverão ser, em tese, analisados e julgados pela Justiça Federal; evidentemente, tendo melhores elementos de análise, pode-se requerer o desmembramento, a fim de que o crime de sonegação não prescreva.

Ponderamos que o crime de maior gravidade absorve aquele de menor; por exemplo, a sonegação é feita fundada no falso documental, donde a necessidade de se extrair da realidade o crime-meio do crime-fim; explica-se que a conduta articulada poderia estar voltada simplesmente para o delito tributário.

Na mesma situação, o delito fiscal pode ser apenas anteparo para consecução de delitos de maior repercussão e gravidade, tipificando lavagem de dinheiro, formação de quadrilha, contrabando e outros; consequentemente, a instrução criminal dará feição própria ao permitir que tudo se torne transparente, evidenciando também o lapso prescricional do crime tributário.

Efetivamente, o sujeito passivo, considerado o agente que atua em detrimento do Estado, praticando delito, isolado ou conjuntamente, em coautoria, tem a faculdade de solicitar o reconhecimento da prescrição, enquanto o Estado se sujeita ao prazo estabelecido da punição.

Normalmente a condução da apuração da responsabilidade penal tributária tem na maioria dos casos evitado o surgimento do lapso prescricional, cuja discussão ganha fôlego mediante a representação de autoridade administrativa, cujas peças priorizam mais e melhor a denúncia oferecida.

Insta, por derradeiro, afirmar que na Lei 9.099/1995, naqueles casos de menor gravidade ou menor potencial ofensivo, durante a transação penal, ficará suspenso o lapso prescricional até o cumprimento daquilo que for transigido, não impedindo sua retomada caso a parte descumpra sua obrigação.

Resta sublinhar que também sobre as penas alternativas, principalmente as de multa, incidem os mesmos princípios prescricionais estabelecidos, consoante sua fixação conjugada ou isolada, e ainda para substituir a pena privativa de liberdade, isto porque possui parâmetro veiculado ao crime tributário e ao lapso que tem o Estado para exigir a obrigação de pagamento da multa.

Ao contrário dos Países de Primeiro Mundo, cujas penas para os delitos penas tributários são exasperadas, caindo o cidadão na própria execração pública, haja vista que o Estado utiliza o valor do tributo em prol do fortalecimento da cidadania, no Brasil as penas aplicadas são muito tímidas.

De forma geral, a ação penal tributária é tumultuada, principalmente na localização para fins de citação e postergação da prova, colimando alcançar, inexoravelmente, o lapso prescricional.

Não apenas a pena privativa de liberdade é branda, mas substituída, de tempos em tempos, por prestação de serviços à comunidade, agregada à multa de valor pouco considerável.

Viesse a reprimenda da multa dentro da dosimetria adequada, seria suficiente para inibir ao agente o cometimento do ilícito, isto porque o simples pagamento de dias-multa deve apresentar carga coerente, compatível, com a natureza da infração penal.

Não se desconhece que a carga é excessiva; porém, quanto menores a sanção e a possibilidade de recuperação do valor sonegado, apropriado ou fruto de evasão fiscal, tanto maior será a necessidade de uma reprimenda ideologicamente necessária para reprimir e inibir que situações de igual natureza se repitam.

Capítulo 6

Contextualização do Crime Tributário

6.1 Excesso de carga tributária. 6.2 Prisão e finalidade. 6.3 Prejuízo Estado-sociedade. 6.4 Recuperação de empresas e falência. 6.5 Insolvência tributária e Super-Receita.

6.1 Excesso de carga tributária

A realidade nua e crua do "manicômio tributário" divisado por Alfredo Augusto Becker[1] resume-se ao sistema vigente desde a entrada em vigor da Constituição Federal de 1988, nada obstante o Código Tributário Nacional não tenha qualquer artigo questionado sob a ótica da inconstitucionalidade.

Com efeito, os gastos públicos excessivos margeiam uma dupla necessidade da máquina arrecadadora: a primeira, de fazer caixa para despesas internas; a segunda, de romper com o atraso e conseguir atingir metas no aspecto de saldar compromissos externos.

Retratando o contexto, Ives Gandra da Silva Martins[2] reporta-se ao excesso da carga tributária para honrar a dívida externa dos governos; veja-se que a relação dívida e PIB é elevada, mas acentua o jurista que tudo se deve ao grau de irresponsabilidade dos governantes ao tempo em que a dívida foi contraída; consequência disso, elegeram mal os objetivos ou desperdiçaram os recursos *pro domo sua*.

Numa dimensão na qual a carga tributária beira a casa dos 40% do Produto Interno Bruto e os cidadãos não têm qualquer prestação de ser-

1. Alfredo Augusto Becker, *Teoria Geral do Direito Tributário*, 3ª ed., São Paulo, Lejus, 1998.

2. Ives Gandra da Silva Martins, *Uma Teoria do Tributo*, São Paulo, Quartier Latin, 2005.

viços adequada pelo Estado, tudo recai na destinação destas verbas e no dispêndio sem participação mais transparente da própria sociedade.

Muito se discute o que seria a justiça tributária, e qual a finalidade máxima deste motivo que impele o Estado a cada vez mais querer cobrar e cada vez menos, paradoxalmente, oferecer o serviço ao cidadão integrado na sociedade.

O sistema tributário brasileiro é pecaminoso e tem significativos defeitos: tributa em cascata, incide nos salários, tem alíquotas não diferenciadas, adota um ICMS que provoca guerra fiscal, tem isenções e benefícios incompatíveis. Mas o que se constata é que grandes grupos corporativos se protegem via planejamento tributário, e os menos fortes economicamente sofrem com o labirinto no qual se veem lançados pela força das estruturas que mapeiam e monitoram o cidadão.

O caminho natural que o contribuinte tem seguido para discutir o excesso de imposição de natureza tributária e os desmandos do "Leviatã Brasileiro" – na feliz expressão de Wanderley Guilherme dos Santos[3] –, sem sombra de dúvida, vem sendo o salutar debate no âmbito do Judiciário.

Neste entorno, principalmente as empresas que se sentem prejudicadas, na medida em que as regras do jogo mudam sistematicamente durante o processo produtivo e sem aviso prévio, têm lutado tanto no perfil do recurso administrativo como efetivamente no campo jurisdicional.

Assinala Kiyoshi Harada[4] que o contribuinte tem à sua disposição vários recursos baseados nas ações judiciais visando a afastar desde logo a cobrança de tributos ilegais ou inconstitucionais e, outrossim, se desvencilhar das exigências administrativas ilegais e abusivas.

O reflexo do aumento desabrido da carga tributária tem sido o leque de ações judiciais, pacotes econômicos malsucedidos e mágicas mirabolantes que se reduzem no patamar das metas de superávit primário; tudo lastreado na dimensão maior do tributo exigido.

Dessa forma, a constante edição de programas estruturados nos REFIS, ao invés de suscitar adesão maciça de contribuintes, traz em

3. Wanderley Guilherme dos Santos, *O Ex-Leviatã Brasileiro*, Rio de Janeiro, Civilização Brasileira, 2006.

4. Kiyoshi Harada, "Processo cautelar em matéria tributária", in Ives Gandra da Silva Martins (coord.), *Processo Judicial Tributário*, São Paulo, Quartier Latin, 2005

voga a tônica de cumprimentos nem sempre exitosos, aumentando a massa de endividamento e as medidas que o Fisco deve adotar para coibir a fraude de grandes contribuintes.

Precisamos reconhecer que, se, de um lado, o contribuinte não quer pagar, o Fisco apenas intenciona receber, e cuja norma penal tributária, pura e simplesmente, na sua teleologia, representa forte instrumento de pressão, tanto assim que, independentemente do momento, feito o pagamento, extinta estará a punibilidade.

Os programas de refinanciamento, invariavelmente, quase sempre tonificam motivações e justificativas, permeadas pela eliminação dos encargos da mora, cujas multas cobradas, além de excessivas, atestam-se abusivas, chegando a mais de 200% em certas hipóteses.

Comunga-se do ponto de vista de que o Estado, sangrando o contribuinte com uma tributação excessiva e uma norma repressiva penal, procura mitigar e temperar suas ambivalências pelo norte do parcelamento; com isso, tem a falsa impressão do número alto de adesão; mas paulatinamente as empresas em sua maioria se tornam inadimplentes.

Exige-se, por tudo isso, que a reforma tributária venha inserida no contexto do crime tributário. Explica-se: existente uma incidência racional e lógica na cadeia produtiva, diminuir-se-á sobremodo o ilícito.

Rigorosamente, existe um vínculo estreito e fina sintonia entre o excesso de carga tributária e a prática do ilícito penal tributário, ingressando no mercado informal milhões de empresas que não conseguem pagar os impostos e, ao mesmo tempo, projetando uma forma desleal de concorrência.

Neste diapasão, alguns critérios devem ser ritmizados na ótica do crime tributário, a saber: a proporcionalidade, a razoabilidade, a customização, a precificação e a verdadeira lesão praticada contra o Estado na falta de pagamento do tributo.

Radiografado este aspecto, ao lado do menor potencial ofensivo que se registra em certas práticas delituosas tributárias, tem-se por fundamental uma harmonia entre o comportamento e o resultado emergente, sanando, com isso, a perplexidade do processo criminal inócuo.

Dentro deste espírito de visão se realça a importância de ter em mente os princípios gerais do sistema tributário e a respectiva finalidade na percepção da função do Estado na arrecadação do tributo.

Disseca Paulo de Barros Carvalho[5] a necessidade de um balizamento pelos princípios constitucionais tributários, cujos aspectos sinalizam estrita legalidade, anterioridade, irretroatividade da lei tributária, tipologia tributária, tributo com efeito de confisco, vinculação tributária, uniformidade geográfica, territorialidade da tributação e indelegabilidade da competência tributária.

Referida ideia ganha conotação mais nítida quando se pensa na sanção imposta no que tange às multas referentes ao não recolhimento dos tributos; enquanto o cidadão comum tem prazo e datas-limites, o Estado se permite não ter responsabilidades, as amargas multas de até 200% levam à "esquizofrenia" do sistema tributário.

Adverte Paulo César Baria de Castilho[6] que confisco em matéria tributária representa o ato pelo qual o Fisco adjudica bens do contribuinte, sendo legalmente proibido, malgrado a interpretação do art. 150, IV, da Lei Maior. Faltam simetria e racionalidade ao modelo tributário que descansa na excessiva carga problemas incomuns aos contribuintes, cuja discrepância atinge duplo aspecto: a economia informal e o planejamento tributário, sob o ângulo de não recolher ou pagar o menos possível ao Estado.

E para sair dessa encruzilhada, na qual o Estado Brasileiro lançou milhões de cidadãos, a fragilidade do sistema também se consubstancia na letargia de se corrigir a própria tabela do imposto de renda, sequer acompanhando os índices inflacionários e a própria corrosão da moeda.

Em outras palavras: a impressão máxima que se tem é que, quanto mais o cidadão recolhe, menos recebe em termos de serviços prestados, benefícios diretos ou indiretos.

Agudizou essa crise a organização da Copa do Mundo, quando a FIFA obteve máxima isenção de impostos, mediante legislação específica, e os cidadãos brasileiros, a cada semestre, recolhem para as burras da União quase um trilhão de Reais, verdadeira escatologia da morte planejada da efetiva cidadania.

5. Paulo de Barros Carvalho, *Curso de Direito Tributário*, 14ª ed., São Paulo, Saraiva, 2002,

6. Paulo César Baria de Castilho, *Confisco Tributário*, São Paulo, Ed. RT, 2002.

6.2 Prisão e finalidade

A prisão no processo penal tributário pode ser encarada sob o ponto de vista de sua provisoriedade ou externar decisão definitiva, conforme a sentença condenatória prolatada.

Sempre vigorou como cláusula pétrea o entendimento do STF no sentido de que, se o réu se manteve solto durante toda a tramitação da ação penal, seu recolhimento ao cárcere somente acontece em razão do definitivo trânsito em julgado – o que, invariavelmente, leva anos a fio, em virtude da prolixa situação recursal inerente ao sistema processual.

Na maioria das vezes o crime tributário vem acompanhado de delitos conexos, circunstância que reforça a competência do julgador e a necessidade de ser decretada a prisão preventiva, a pedido da autoridade policial ou a requerimento do Ministério Público, não se descartando, excepcionalmente, o ato praticado pelo juízo de ofício.

Um dos aspectos relevantes que combinam com a necessidade da medida prisional diz respeito à punição do agente e seu grau de colaboração no curso da instrução do processo penal, eis que a delação premiada poderá lhe traduzir a manutenção em liberdade até decisão final do crime tributário.

Os elementos indiciários colhidos devem levar a um grau de certeza e segurança capazes do livre convencimento no decreto da prisão preventiva do agente. Preleciona Walter Coelho[7] que no exame da prova indiciária o fato não se resume à expressão numérica, mas à qualidade de fornecer uma resultante como força capaz de gerar maior ou menor persuasão na busca da verdade real.

Dentro deste prisma examinado, a prisão nos crimes tributários comporta-se como exceção à regra; mas visa a garantir sobretudo a aplicação da lei penal e a preservar a ordem pública, na certeza da regular instrução do feito. Todas as vezes que o agente representa um risco, ainda que potencial, nada impede seja decretada sua prisão; mas, de toda sorte, fundamentadamente.

Neste diapasão, também devemos ter em mente a situação dos antecedentes, primariedade, ante o regime prisional a ser cumprido, ao

7. Walter Coelho, *Prova Indiciária em Matéria Criminal*, Porto Alegre/RS, Sérgio Antônio Fabris Editor/Fundação Escola Superior do Ministério Público, 1996.

tempo da prolação da decisão, na medida em que a custódia fica mais enfaticamente atrelada aos criminosos perigosos ou que representam potencial nocivo à sociedade; tem-se que o delinquente tributário não tem sido enxergado nesta ótica.

Sustentam Gilberto Passos de Freitas e Vladimir Passos de Freitas[8] que não pode existir risco à liberdade de locomoção, pois todo cidadão tem direito de se locomover, salvo os casos expressos em lei, a fim de que não se configure, na prática, o abuso de autoridade.

Quadra destacar que nas operações deflagradas pela Polícia Federal, com a expedição de mandados judiciais coletivos, tem sido comum observarmos o ingresso de agentes nas residências, domicílios, a feitura de escuta telefônica e a confecção do mandado de prisão nos ilícitos tributários.

Nota-se que, para evitar o abuso da autoridade no comando do decreto prisional, precisam estar presentes todos os requisitos legais que evidenciem ameaça à ordem pública, à instrução do feito, e, de certa maneira, ponham em perigo a persecução criminal, no critério da verdade real.

Por tudo isso comentado, bem de ver que a prisão provisória decretada (temporária ou preventiva) tem sido entronizada no modelo de crimes conexos, ou seja, do ilícito tributário, com lavagem de dinheiro, formação de quadrilha, contrabando, entrada irregular ou saída de mercadorias, a denotar um esquema previamente existente com o propósito deliberado de lesar o Fisco.

Com a alteração do art. 83 da Lei 9.430, de 27.12.1996, pelo atual Diploma 12.382, de 25.2.2011, a situação do contribuinte se define anteriormente à denúncia, no enfrentamento da formalização do parcelamento do crédito tributário.

Remanesce prejudicada a ação penal, exceto se houver a exclusão da pessoa física ou jurídica do parcelamento, cujo pagamento realizado é causa segura da extinção da punibilidade.

A regulamentação aplica-se aos processos administrativos e também aos inquéritos em andamento, não tendo sido recebida a denúncia pelo juízo, o que impediria qualquer paralisação ou suspensão da ação penal iniciada.

8. Gilberto Passos de Freitas e Vladimir Passos de Freitas, *Abuso de Autoridade*, 7ª ed., São Paulo, Ed. RT, 1997.

De acordo com o raciocínio estabelecido, se o agente estiver detido e alguém por ele vier a pagar o tributo, não se justifica a manutenção em custódia, exceto se extrapolar o âmbito fiscal e se cuidar de crime conexo.

Irradia-se a necessidade da prisão temporária ou daquela preventiva, na cata de elementos essenciais, no registro da memória eletrônica, na depuração de documentos que se encontram na posse do agente e no desmantelamento da célula de uma quadrilha formada, vez que a permanência em custódia "quebra as pernas" do esquema e a mente inteligente que elaborou as ramificações sofre duro golpe com a perda de seus componentes.

Questiona-se, no modelo destacado: se o agente preso preventivamente no interrogatório se permitir colaborar e cumprir a estratégia da delação premiada, tal comportamento levaria à sua soltura incondicional?

Em primeiro lugar, se o delito tributário estiver separado e não contaminado pelos demais, a colaboração via delação premiada terá o condão de deflagrar o processo de liberdade do agente, mas desde que as informações prestadas não cessem e levem aos subsídios perseguidos e ao encontro de todos os aspectos da infração decorrente dos ilícitos.

Ademais, se a delação posteriormente não redundar nos frutos almejados e vier a demonstrar apenas uma forma de querer se livrar solto, o novo decreto terá embasamento para o recolhimento do agente sob custódia até decisão final do processo criminal.

Ponto polêmico têm sido as saídas locais ou internacionais dos agentes durante o processo criminal que apura a ilicitude tributária, vez que eventual condenação pode resultar na impunidade, por força da prescrição incorrida e ausente o condenado do domicílio da culpa.

Nestas condições, cumpre ao juízo verificar o estágio do processo penal e ouvir o Ministério Público sobre se é o momento adequado ao deferimento do pedido de afastamento do sujeito do domicílio da culpa, com uma mínima garantia de que sua viagem não representa fuga ou qualquer procedimento tendente a esvaziar a consecução da medida penal.

Em alguns casos tem sido rotina o recolhimento dos passaportes dos cidadãos processados criminalmente e a comunicação às Polícias Federal e de Fronteiras, portos e aeroportos; com isso se mantêm a vigilância, a fiscalização, sem necessidade de decretar a prisão preventiva.

Consabido que o princípio constitucional traz emblemática a presunção da inocência e o direito de locomoção não pode ser arranhado, mas é fundamental que se motive a viagem à razão prática e sua necessidade de acordo com os interesses da atividade empresarial ou profissional do agente.

Nada obsta, ainda, a que, estando o agente sob o regime da liberdade provisória, manifeste interesse em deixar o País para efeito de viagem de negócios, mantendo endereço de sua localização e facilidade de comunicação em relação ao juízo criminal.

Demais disso, a tramitação demorada do processo criminal tributário não é de molde a causar embaraço à saída do País, desde que haja motivo relevante e tenha fundamento, sob pena de se caracterizar ilegalidade, sujeitando ao remédio constitucional do *habeas corpus*.

Com razão, na prática, a via do *habeas corpus* tem sido utilizada com frequência para que os agentes processados pelo delito tributário possam deixar o País quando o juízo indefere o pedido, de tal sorte que as instâncias superiores têm se pronunciado acerca do tema, a exemplo do STJ e também do STF.

O lineamento específico a respeito da prisão no processo criminal tributário tem ainda repercussão no aspecto do pagamento do tributo, ou seja, se lhe convier e tiver recursos, sendo crime único, o recolhimento do valor acarretará a extinção da punibilidade e trará o reflexo da soltura imediata do preso.

Se, entretanto, na formação da culpa estiverem assentes outros delitos conexos, o simples pagamento não elide a responsabilidade e sua feitura nada altera no contexto, podendo apenas na fixação da pena servir de minorante na técnica conjunta dos crimes imputados. Explica-se: o crime tributário perderia sua substância, mas manteria acesa a responsabilidade pelos demais, que teriam normal prosseguimento.

Deve ser questionado, antes de tudo, notadamente no decreto de prisão preventiva, o aspecto do perigo que representa à sociedade e o dano provocado ao Estado no cenário dos delitos tributários classificados.

É interessante ponderar também a nova roupagem do processo penal, cujo interrogatório ficou para o final, introduzindo-se meios audiovisuais, eletrônicos e digitais e videoconferência, para acelerar o resultado, evitar deslocamentos e conseguir robusta prova na dicção do princípio da verdade real.

A presença do cidadão que comete ilícito tributário livre, leve e solto é um risco que a sociedade experimenta, haja vista a possiblidade sempre crescente de fuga, ao lado do lapso prescricional, e a dificuldade enfrentada para deportação.

Em sintonia com essa análise, desfalcado o Erário Público, pelo não recolhimento dos tributos, também se caminha numa nova diretriz, qual seja: se a preterição do Estado visou a benefício social, da folha de pagamento, para até se desclassificar a infração penal tributária.

6.3 Prejuízo Estado-sociedade

O desprestígio da autoridade política somado às intempéries do sistema tributário têm levado à percepção aguda da finalidade do tributo, e na hipótese do ilícito à grandeza do prejuízo experimentado pelo Estado, com reflexos negativos à sociedade.

Dito isso, o modelo federativo é por demais concentrador de recursos, e os repasses da União não chegam aos destinos ou demora para que as comunas e os Estados se tranquilizem em relação à constante diminuição de suas receitas, com enormes graus de endividamento.

Nesta ótica, o crime tributário sob o enfoque estadual raramente traz à baila maiores dados estatísticos a respeito da necessidade de medidas drásticas, no tocante ao ICMS e aos casos mais graves de sonegação, fraude e demais ilícitos; ao passo que na esfera da União, com maior rotina, os danos têm sido avaliados e os procedimentos adotados com rigorismo, às vezes exacerbado.

Seguro desta ideologia, Alberto Xavier Pinheiro[9] destaca que o fundamental é trazer aos olhos do cidadão o princípio da confiança na lei fiscal, isto a significar que, na elaboração da norma tributária, ao sujeito passivo deve ser garantida a confiança nos quadros jurídicos decorrentes.

A percepção de uma sociedade justa ou menos injusta, no modo de ver do saudoso John Kenneth Galbraith,[10] se reconhece por meio do papel do Governo; no Estado Moderno, a partir do desenvolvimento

9. Alberto Xavier Pinheiro, *Os Princípios da Legalidade e da Tipicidade da Tributação*, São Paulo, Ed. RT, 1978.

10. John Kenneth Galbraith, *A Sociedade Justa*, Rio de Janeiro, Campus, 1996.

econômico, a ação e a regulamentação sociais se fazem mais importantes, inclusive para efeito de monitoramento dos problemas das classes menos favorecidas.

O crime tributário, por contrário, necessita de maior correspondência entre as forças do Estado na punição do agente e o calibre do reflexo situado no prejuízo. Na sua consideração, no primeiro momento, torna-se dificultoso elaborar um quadro detalhado a respeito do prejuízo, mas o nexo causal afeta a sociedade como um todo e repercute nesta necessidade de punição.

Destaca-se, por tal ângulo, o elemento de repercussão do delito de menor potencial ofensivo e a lesividade causada ao Estado por força do não recolhimento do tributo. Assim, não é apenas o valor de face que deve ser observado, mas sua destinação: se, relativamente ao repasse, aquela soma era destinada à comuna para infraestrutura de ensino, ficando prejudicada pelo inadimplemento do tributo respectivo, tudo enseja dano significativo no contexto da infração penal tributária.

Dentro deste aspecto assinalado, se uma empresa no Município gera receita suficiente ao pagamento de sua folha de funcionários mas resolve, por problemas de fluxo de caixa, deixar de recolher o IPTU e o ISS, tudo representa um prejuízo macro para a sociedade, e pode traduzir, inclusive, a paralisação da normalidade dos serviços prestados à comunidade.

Nestas circunstâncias, a sanção deve ser de molde a desestimular conduta idêntica mas, ao mesmo tempo, substancial para aferir a capacidade contributiva, delimitando a obrigação e seu pagamento, porquanto, se a sanção penal não levasse ao pagamento, a exemplo da pensão alimentícia, bastaria ser preso para não configurar o pagamento da obrigação, o que tipifica um *non sense*.

O falecido Norberto Bobbio[11] salientava que as regras do jogo são extremamente importantes, mas não podemos eliminar princípios, para gerar um problema malposto ou, mesmo, insolúvel.

De modo semelhante, na sanção penal tributária necessita-se olhar com transparência se a pena é necessária e suficiente para conter o infrator e, ao mesmo tempo, conscientizá-lo sobre sua responsabilidade no leque das obrigações existentes.

11. Norberto Bobbio, *O Futuro da Democracia*, 2ª ed., São Paulo, Paz e Terra-Política, 1986.

A par das medidas de incentivo para um modelo penal menos sancionador e mais eficaz para reprimir o ilícito e voltar sua consecução ao pagamento, tem-se que o bem jurídico objeto da lesão merece a tutela penal correspondente.

Em largo aspecto, contudo, a delinquência fiscal é um retrato digitalizado do sistema tributário ineliminavelmente injusto, reflexo da insolvência das empresas, condição da incapacidade de um sem-número de empresas de recolher o tributo incidente naquela operação.

Vamos observar que no Direito Comparado, ao contrário do que acontece na América Latina e no Brasil, em particular, o crime fiscal é acompanhado de um dístico de lesa-pátria, e as penas se mostram rigorosas dentro do contexto apanhado, a exemplo dos Estados Unidos da América, da Alemanha, da França e das demais Nações do Primeiro Mundo.

Então, se poderia questionar que naqueles Países a corrupção é bem menor, que a destinação dos recursos é comprovada, os serviços públicos funcionam e o crescimento é palpável, sim. Não se duvida. Porém, na medida em que o Estado é impotente para cobrar e punir, tanto maior é a facilidade criada em torno dos escapes que permitem barreiras e artifícios projetados visando ao inadimplemento tributário.

Cumpre ter seriedade, e, com isso, transparência, para que o crime tributário não se revele apenas e simplesmente um "faz de conta", ou seja, faz a conta do quanto deve e paga, e tudo estará resolvido.

Enxergando o horizonte do delito tributário e a lesão cometida diretamente contra o Estado e indiretamente contra a sociedade, como classificar o grau de risco e manter um procedimento mais célere na dicotomia da sanção e na dialética do custo-benefício?

Preliminarmente, compete a análise do procedimento tributário, o qual enfrenta as engrenagens dos recursos e acentuada demora na conclusão, embora sistematizado o ordenamento para efeito de tornar exigível determinado valor; tudo leva à concretização do resultado específico ambicionado pelo legislador.

Sinaliza-se, por tal ângulo, portanto, que o débito tributário precisará manter relevo dentro do modelo do recolhimento e sua repercussão no contexto da sociedade; se uma microempresa não recolhe o ICMS de um mês, que representa a paga de um dia de uma corporação, na mesma região e base territorial, destaca-se a irrelevância em termos do poder tributante e da sociedade como um todo.

A questão traz à baila a simplificação do procedimento, a aplicação da Lei 9.099/1995, infraestrutura e equipes treinadas, inclusive autoridades policiais, para facilitar a transação penal, penas alternativas e impelir ao recolhimento do tributo via pagamento ou parcelamento.

Vamos estudar mais à frente o sério problema da insolvência tributária, o qual se abate sobre bom número de empresas nacionais e também internacionais, diante do sistema de concorrência, formatação do mercado e blocos integrados que reduzem as distâncias internacionais, querendo, com isso, denotar a presença ou não do dolo específico ou culpa consciente como fundamento da punição tributária delituosa.

Com efeito, se a todo tempo é possível ser feito o pagamento para extirpar a investigação e sepultar a ação penal, tem-se que o procedimento deve contemplar forma sadia de desenvolver raio de ação na estratégia de um resultado eficiente.

De nada adianta buscar forma rígida para punir um pequeno sonegador ao passo que os grandes ficam imunes à ação do Estado e às incidências de sanções. Ou seja: pode-se, quando o delito tiver menor potencial ofensivo, partir para simples cobrança, mas quando for maior a ação penal é inafastável do seu objetivo.

Vislumbram-se a peculiaridade e também a especificidade do crime tributário envolvendo somas representativas de arrecadações e retornos à sociedade, de modo a tornar indisponível o patrimônio dos administradores, e, mais que isso, concomitantemente se buscar repatriar o dinheiro no Exterior, forma segura de se pagar o débito e mostrar a eficácia dentro da efetividade do Estado sancionador das condutas ilícitas.

6.4 Recuperação de empresas e falência

Na delimitação da responsabilidade penal tributária é fundamental o conhecimento a respeito do sujeito passivo da obrigação, notadamente na disciplina da lei de recuperação empresarial, que sistematicamente procurou encaminhar a matéria de modo diverso.

Desta forma, a Lei 11.101/2005 trouxe ao mesmo tempo no bojo da reforma o Diploma Normativo 118/2005, lei complementar, estatuindo a não sucessão tributária na decretação da quebra e em casos pontuais quando da recuperação empresarial.

A importância da análise consiste em saber, examinada a matéria, a responsabilidade tributária e seu reflexo no perfil penal do agente, isto porque sob égide do Decreto-lei 7.661/1945 respondiam o comissário e o síndico dativos, no sentido desta incidência, igualmente na continuação do negócio, e também na concordata suspensiva.

Com a reforma preconizada pela Lei 11.101/2005, inovou-se neste campo substancialmente, no sentido de que a Lei Complementar 118, de 9.2.2005, seguindo o espírito da mudança, contemplou a não existência da sucessão tributária, porquanto a responsabilidade penal, de igual modo, não pode ser atribuída ao adquirente na falência ou no processo de recuperação empresarial.

Explica-se mais e melhor, apoiado na doutrina de Kiyoshi Harada,[12] no sentido de que a legislação fora alterada, introduzindo parágrafos ao art. 133 do CTN, fazendo com que se estabelecessem regras de exclusão da responsabilidade tributária por sucessão no estabelecimento comercial, industrial ou profissional.

Reflexo desta circunstância, o novo adquirente não pode ter contra ele a responsabilidade tributária, e muito menos aquela de natureza penal; assim, se falido ou em recuperação judicial o devedor e, por intermédio do administrador judicial, parecer do Ministério Público e determinação do juízo, se resolve pela alienação judicial, o comprador não tem compromisso de qualquer espécie ou passivo tributário, por não ser sucessor; daí por que o fato não tem conotação penal e muito menos há responsabilidade.

Interessante delimitar o assunto, na medida em que, convolada a recuperação em falência, feito o parcelamento do débito tributário, não sendo adimplido, nem por isso o novo adquirente responderá por tal liquidação, eis que a lei expressamente afasta a sucessão e a repercussão no âmbito do crime tributário.

De modo concreto, o legislador estabeleceu que na hipótese de alienação judicial não ocorrerá sucessão tributária em processo falimentar; na recuperação judicial, se houver a venda de filial ou unidade produtiva isolada.

12. Kiyoshi Harada, *Aspectos Tributários da Nova Lei de Falências – Comentários à Lei Complementar n. 118/2005*, Curitiba, Juruá, 2005.

Bem se observa que na venda realizada no processo falimentar o produto permanecerá depositado judicialmente pelo prazo de um ano, somente podendo ser utilizado para o pagamento dos créditos extraconcursais ou aqueles que preferem ao tributário.

Forte nesse assunto a doutrina de Carlos Henrique Abrão e outros[13] sufragando posicionamento da não sucessão tributária, inclusive a desnecessidade de juntar Certidão Negativa, eis que o privilégio do Fisco em sede concursal perpassa o Direito Comparado; isto porque em nenhuma legislação estrangeira há compromisso de pagar integralmente o débito tributário.

De forma analítica e compreensiva, na falência a alienação realizada não transfere ao comprador responsabilidades tributária e penal, ao passo que na recuperação existe indicação dos mesmos princípios quando houver a venda de unidade isolada ou filial da empresa em crise.

Seguindo as pegadas de Aliomar Baleeiro,[14] no caso concreto se divisaria uma limitação do poder tributante destacada pelo aspecto da responsabilidade apenas do devedor falido e daquele em recuperação, sem respingar no adquirente ou titular do estabelecimento comprado.

Com efeito, não se cogita da responsabilidade tributária integral ou subsidiária por sucessão do adquirente quando existente alienação judicial em processo falimentar; no entanto, responde o adquirente pelos tributos devidos pelo fundo ou estabelecimento até a data da aquisição: (a) integralmente, se o alienante cessar a exploração da respectiva atividade; (b) subsidiariamente com o alienante, caso este continue a exploração ou inicie, dentro de seis meses, nova atividade, no mesmo ou em diferente ramo.

Nota-se que a regra proveio do art. 133 do CTN, recebendo críticas da doutrina e da área especializada, porquanto, não continuando o adquirente com a exploração do fundo ou do estabelecimento, a interpretação se faz no sentido de sua exoneração da dívida fiscal do alienante insolvente, matéria totalmente superada pela inserção do § 1º no art. 133 do CTN.

13. Carlos Henrique Abrão *et al.*, *Comentários à Lei de Recuperação de Empresas e Falências*, São Paulo, Saraiva, 2005.

14. Aliomar Baleeiro, *Limitações Constitucionais ao Poder de Tributar*, 15ª ed., atualizada por Misabel Abreu Machado Derzi, Rio de Janeiro, Forense, 2004.

O entendimento assinalado é na direção de retirar qualquer responsabilidade em termos de sucessão tributária, aplicando-se a regra também no campo penal. Isto porque sem a formalização da obrigação não pode o adquirente constar do processo para tipificação de sua conduta sob o pálio da Lei 8.137/1990.

Na recuperação judicial exige-se, portanto, que a venda do estabelecimento não se faça em bloco, ou seja, integralmente, mas apenas de filial ou de unidade produtiva isolada. Exemplificativamente: vindo a reorganização societária, e tendo diversas filiais, situadas inclusive no Exterior, a alienação de qualquer uma delas não provoca sucessão e também não permite a responsabilidade na esfera penal.

A dúvida que se lança diz respeito à prática dos atos sob responsabilidade do juiz da execução fiscal, podendo acarretar o bloqueio *on line* e a penhora de bens da empresa em recuperação; entretanto, o produto da venda tem destinação específica, ao passo que a pessoa física ou jurídica que fizer a compra do bem não responde nas hipóteses elencadas.

Define-se por tal ângulo que a sucessão tributária está descartada no processo de recuperação judicial e igualmente na falência. Assim a ordem penal refoge da atribuição para sancionar o novo adquirente da filial, do estabelecimento ou do contexto da massa falida, eis que o legislador, peremptoriamente, descortinou nenhuma sucessão nesta circunstância.

Revisado o Código Tributário Nacional, refundido pela Lei Complementar 118/2005, a responsabilidade tributária e penal diz respeito ao devedor na recuperação e também na falência, sem ultrapassar qualquer liame para alcançar pessoas jurídica e física as quais estejam vinculadas à aquisição patrimonial.

Exaurida a meta com a venda do bem, a responsabilidade não se transfere, e por tal caminho o novo adquirente exerce livre de ônus sua atividade empresarial, para que assim o leilão e a própria praça possam se desenvolver com interessados, e sem restrições.

Sinalizando emblematicamente o assunto, a responsabilidade penal tributária apenas poderá ter incidência em casos excepcionais, tratados no § 2º do art. 133 do CTN, com a modificação da Lei Complementar 118/2005, quando o adquirente for: "I – sócio da sociedade falida ou em recuperação judicial, ou sociedade controlada pelo devedor falido ou em recuperação judicial; (...)".

A intenção muito clara do legislador foi afastar de uma vez por todas a possibilidade de pulverizar a dívida tributária quando fosse o sócio o adquirente da unidade, estando falida a empresa; na hipótese de recuperação isso se aplica igualmente, identicamente quando a controlada for a interessada no praceamento do bem e adquirir a coisa.

Destarte, o sócio ou a sociedade controlada, qualquer um dos dois refoge da regra básica e se adstringe à sucessão quando lançarem na falência ou na recuperação, evitando, assim, qualquer fraude ao Fisco.

Entretanto, colocamos ressalva, principalmente quando a controlada for empresa situada em território nacional e a controladora no Exterior. Admitamos a crise da matriz, a qual sequer se interessa pelos destinos de sua controlada; obviamente, as medidas são implementadas, dentre as quais racionalização da produção, jornada de trabalho, corte de pessoal, e antevendo a possibilidade da compra de unidade isolada para manter sua própria produção. Tal fato não deveria implicar qualquer carga tributária por sucessão.

De forma bastante evidente, se uma das controladas se interessar por qualquer outra filial ou unidade isolada pertencente à matriz, não vemos lógica em que a sucessão tributária ocorra, e muito menos a tipicidade de conduta penal.

Veja-se, com bastante ênfase, que a controlada não tem qualquer interferência na gestão, nas mazelas ou desmandos da controladora. Assim, depois de saneada, querendo participar, até por falta de interessados, da estruturação de cooperativa de empregados, lançando seus créditos na compra de unidade ou de outra filial, não observamos fraude ou lesividade ao Fisco; mesmo porque o balizamento do procedimento visa exatamente à manutenção dos empregos e da atividade empresarial: "II – parente, em linha reta ou colateral até quarto grau, consanguíneo ou afim do devedor, falido ou em recuperação judicial ou de qualquer de seus sócios; ou III – identificado como agente do falido ou do devedor em recuperação judicial com o objetivo de fraudar a sucessão tributária" (art. 133, § 2º, do CTN).

Ambos os dispositivos legais vedam diretamente a aquisição por parente ou colateral até quarto grau, pressupondo fraude, na recuperação ou na falência, ou identificando-se agente do falido, do próprio devedor com intuito de não proceder ao recolhimento e distorcer o instituto da sucessão tributária.

Enfatizamos que a primeira hipótese, a respeito do grau de parentesco, na linha reta ou colateral, é de fácil aferição e nenhuma dificuldade, porquanto o documento ditará certeza de sua existência, sem prejudicar aos credores ou impedir que seja realizado o certame.

A regra da identificação do agente, entretanto, não fica clara, transparente ou de fácil aplicação prática; dependerá de prova ou conhecimento profundo em torno da realidade da empresa, para que se coíba a prática de fraude à sucessão tributária.

Consubstanciada a alienação na falência ou na recuperação empresarial ao agente do falido ou do devedor, urge a comprovação deste aspecto, somado ao da fraude para efeito de sucessão.

No pensamento formulado, dois requisitos fundamentais necessitam estar presentes concomitantemente: a identificação do agente e o intuito de fraudar a sucessão tributária, de ordem subjetiva e objetiva.

Respalda esta interpretação a premissa de se impedir, portanto, qualquer participante colateral até quarto grau; além destes, aquele que aja como gestor de negócio, preposto, simples representante do falido ou do devedor em recuperação, animado pelo propósito de fraudar a sucessão tributária.

Agiganta-se a forma procedimental do legislador exteriorizada na Lei Complementar 118/2005, definindo responsabilidade, distanciando-se do Código Tributário Nacional, implementando reforma, colimando descortinar horizonte novo em relação à venda judicial na falência ou na recuperação judicial.

Salta aos olhos, portanto, que a regra dita conhecimento da realidade para efeito de evitar qualquer agressão ao patrimônio do terceiro adquirente nas condições descritas, sem assumir responsabilidade na esfera tributária ou penal.

Uma vez comprovada qualquer hipótese do § 2º, resultado imediato será o desfazimento da alienação judicial e consequente torna do bem à massa ou ao patrimônio da empresa em recuperação.

Questão interessante que se coloca diz respeito ao agravo interposto com efeito ativo para manter hígida a venda até exame de mérito. Dito isto, improvido o agravo, no seu exame de fundo, durando a tramitação do recurso cerca de cinco meses, indaga-se: de quem seria a responsabilidade tributária a repercutir no campo penal, se o desfazimento aconteceu depois desse intervalo de tempo?

Notadamente quando o adquirente permaneceu na posse da coisa e estava legalmente protegido pela tutela de efeito ativo, usufruindo do bem, entendemos que o desfazimento não prejudicará a responsabilidade tributária até sua efetivação.

Conclusivamente, cumpre ao adquirente responder pelo débito tributário e, ainda, ser penalizado por eventual enquadramento na Lei 8.137/1990, estando na posse do bem por força de liminar deferida, se não se posicionar em atenção ao recolhimento dos tributos de qualquer natureza, vindo a devolver o bem à massa ou ao devedor em recuperação, no julgamento de mérito do agravo de instrumento.

Em que pese a força do desfazimento do negócio judicial, tem-se que o adquirente assumiu a coisa, e, durante o tempo em que a liminar estava produzindo eficácia, dentre seus efeitos, sem sombra de dúvida, estavam aqueles de alienação, compra e venda, transferência e quaisquer outros, pelos quais se responsabilize o adquirente, ainda que devolva à massa ou à empresa em recuperação a coisa vendida judicialmente.

Sob o prisma de visão encaminhado, as responsabilidades penal e tributária passam a ser exceção no contexto dos procedimentos de recuperação e falência, haja vista o intuito de preservação da empresa, facilitando a venda da massa e também de unidades isoladas ou filiais na reorganização societária.

Fundamentalmente, portanto, o espírito do legislador assimilou a necessidade de não prestigiar qualquer sucessão tributária, identificando o limite temporal da obrigação, cujo adquirente desponta como terceiro estranho ao passivo, sem qualquer onerosidade, com simples intuito de dar liquidez e agilidade ao processo de alienação judicial.

A salutar questão do refinanciamento do passivo tributário da empresa em crise também aglutina a ideia de eventuais delitos cometidos, porém desperta interesse a forma pela qual o Fisco faz o respectivo enquadramento, para alcançar, inclusive, o próprio administrador judicial.

É essencial "separar o joio do trigo", notar se houve o afastamento do administrador da empresa, e quais foram os atos praticados para configuração do ilícito penal tributário.

Os atos praticados pelo administrador judicial estão catalogados no múnus público, no plano aprovado pela assembleia, sendo que a venda antecipada de ativos se sujeita aos informes às Fazendas dos respectivos recolhimentos dos impostos incidentes.

6.5 Insolvência tributária e Super-Receita

A discussão em torno da responsabilidade penal tributária passa por inúmeras variantes, e demais aspectos relacionados ao sistema, debatidos neste despretensioso trabalho; porém, é inadiável cogitar da insolvência e do âmbito da criação da chamada "Super-Receita", pela Lei 11.457/2007.

Constata-se, pois, que ao longo da última década, diante da desmesurada carga tributária, além de perderem a concorrência e a competitividade com o cenário internacional, as empresas nacionais estão no limite de exaustão, não conseguindo cumprir suas obrigações tributárias, principal e acessória, sempre pairando dúvida a respeito do cometimento de ilícito penal.

Efetivamente, trata-se de verdadeiro aspecto vinculado à necessidade de manter a carga elevada para atingir metas e manter debelada a inflação; contudo, o processo histórico ao longo dos anos esfacelou a classe média, rompeu com o equilíbrio da sociedade e, mais grave ainda, dissociou o crescimento do desenvolvimento, ampliando a exclusão social, inexoravelmente.

A partir da Carta Política de 1988 o federalismo centralizado, que precisa ser revisto, e mais de perto o modelo de arrecadação, causou a falência da maioria dos Municípios e o endividamento de Estados, sujeitos à implacável Lei da Responsabilidade Fiscal; a reforma tributária não pode retroceder ou ficar em compasso de espera, à míngua de políticas públicas ineficientes.

Radiografando o modelo, a grave crise que afeta as empresas diz respeito à carga tributária e à insolvência nesse setor, cujo parcelamento, por si só, não implementa condição ou dita melhora, sendo essencial uma redução das alíquotas, da regulamentação, da cobrança em cascata, de impostos diretos e indiretos.

Soma-se ao problema da insolvência tributária das empresas a grave dificuldade que assola as Fazendas Públicas na direção de obtenção de êxito na cobrança de seus créditos. Assim, a estrutura sofre do pecado original da "gula tributária", que afeta invariavelmente União, Estados e Municípios, tornando-os reféns de isenções, benefícios e guerras fiscais que acabam abrindo o rombo do endividamento público.

Repensar esta circunstância significa mensurar o comportamento do Estado, da empresa, da sociedade, de conscientização geral, e a repercussão provocada. De fato, se a maioria das empresas na economia formal ou informal não consegue pagar seus tributos, vemos que no campo do crime tributário a situação é bastante desalentadora, mesmo decepcionante.

Registram-se pouquíssimos casos condenatórios, e infinitamente menores as hipóteses dos responsáveis tributários que foram cumprir suas penas no regime prisional fechado; ao lado da legislação que confere vários benefícios, tem-se que a primariedade e os bons antecedentes não conduzem à custódia do delinquente tributário.

A matriz da insolvência não pode ser deslocada da preocupação permanente do Governo em relação à unificação do sistema, congregando, na base de dados da Receita, aspecto operacional integrado ao Ministério da Fazenda.

Referida ideologia, sintonizada com a Medida Provisória 258/2005, não aprovada pelo Congresso, consubstanciou o diploma normativo 11.457, de 16.3.2007, tratando do tema.

Dessa forma, pelo art. 2º da Lei 11.457/2007, passa a ser de competência da Secretaria da Receita Federal do Brasil todo assunto relativo à cobrança e recolhimento de contribuições sociais, disciplinadas nas alíneas *a*, *b* e *c*, do parágrafo único, do art. 11 da Lei 8.212, de 24.7.1991, e das contribuições instituídas a título de substituição.

Contra a vigência da MP 258/2005 foi aparelhada ação direta de inconstitucionalidade pela Associação dos Procuradores Federais junto ao STF, além de ação popular, para caracterizar a inconstitucionalidade da medida provisória e a suspensão de seus efeitos; contudo, o Congresso Nacional, mostrando bom-senso, não a aprovou.

Em razão da perda de vigência da MP 285, foi encaminhado Projeto de Lei, aprovado pelo Congresso, que se transformou no referido diploma 11.457, de 16+.3.2007.

Nesta concatenação de elementos e dos pressupostos estabelecidos, a Super-Receita poderia reduzir o nível de insolvência tributária e, concomitantemente, aumentar os procedimentos destinados à responsabilidade penal; porém, a reforma do sistema tributário como um todo é imperativa, para alcançar níveis compatíveis com os demais Países desenvolvidos.

Bem se percebe que o assunto sempre é recorrente, inclusive no Exterior, a respeito da tributação, abertura de mercado, concorrência e demais assuntos correlatos, objetivando crescimento, desenvolvimento e, acima de tudo, justiça fiscal.

Nesta seara, portanto, o Brasil necessita de saltos de qualidade e maior estabilidade da legislações fiscal e tributária, notadamente porque o âmbito que norteou o espírito da prevenção do crime diz respeito à maneira de se pretender o enquadramento do responsável em assumir sua responsabilidade e se comprometer com o parcelamento.

Preocupado sempre, cada vez mais, em aumentar sua arrecadação, por meio do empreendedorismo, do modelo Simples, o Governo Federal não tem medido esforços para inserir na classe de contribuintes todos aqueles que pretendem abrir determinada atividade empresarial ou adotam modelo de enquadramento fiscal simplificado.

Trata-se de mais uma perspectiva que se reporta ao âmbito da confissão extrajudicial da dívida tributária, conforme os arts. 348, 353 e 354, todos do CPC, objetivando plena aceitação e sua condição de irretratabilidade; porém, não se sabe ao certo se referido procedimento terá o agasalho da adesão maciça, ou simplesmente sofrerá dos mesmos percalços daqueles anteriores.

O retrato complexo desta situação leva ao estado de perplexidade, na medida em que apenas o crescimento da arrecadação não provoca melhoria dos serviços públicos, e muito menos ampliação das bases de novas empresas, com a finalidade precípua de inserir o Brasil no contexto internacional dos mercados.

Não se pode esquecer também que o crime tributário pode estar associado a outros delitos, inclusive relacionados à lavagem de dinheiro, disciplina submetida ao regime de competência da Justiça Federal, com prévia análise do Conselho de Controle de Atividades Financeiras/ COAF, o que primacialmente encarece a necessidade de se ajustar a fiscalização, melhorar a infraestrutura e possibilitar concomitantemente às receitas padrões de desenvolvimento compatíveis com as Nações de Primeiro Mundo.

Na atual conjuntura, elevar as receitas compatibilizam as metas do superávit, mostrando o potencial do Brasil. Entretanto, os rombos dos orçamentos, seguidos de gastos públicos em excesso, pulverizam a expectativa do contribuinte e tornam sacrificante a realidade, porquanto o crime organizado ganha fronteiras internacionais, frutificado pela leniência do Estado, o qual, sob o apanágio de melhoria e reformas estruturais, atribuiu à privatização a solução de todos os problemas, redundando, geometricamente, na progressão de falhas e inúmeras irregularidades que o sistema revelou.

Enfim, em linhas gerais, para que possamos aplicar a legislação penal tributária eficazmente, precisamos priorizar sua reforma, adequar a carga tributária, implementar políticas públicas condizentes com as metas estabelecidas e, sobretudo, minorar compreensivamente o grau de incidência ditado às empresas, para que aquelas na informalidade se animem à regularização de sua situação.

O Brasil do futuro que se constrói a cada dia apenas alcançará paulatinamente seus objetivos se conseguir fazer da racionalidade seu predicado da reforma tributária, acompanhado do retrato menos frequente do crime tributário, cuja impunidade tem sido seu traço marcante, e descomplicando o procedimento para que a autoridade policial e o Ministério Público estejam munidos de todos os elementos para o cruzamento de informações na propositura da ação penal de responsabilização.

A arquitetura do crime tributário não pode ser considerada, isoladamente, fator de relevo; porém, seu perfil descansa na essência da incidência, fazendo com que a insolvência seja marcante, enquanto a racionalização do serviço público, via Super-Receita, ou outro organismo, não pode se divorciar dos direitos do contribuinte, para que assim se alcancem metas estabelecidas sem comprometer o crescimento, o desenvolvimento e, principalmente, a justiça tributária, plenamente.

O nó górdio do sistema tributário traz em mira a conotação de sua repercussão e a vontade política de reforma, porém nem a União, os Estados e os Municípios pretendem auferir perdas ou reduzir suas receitas.

A complexidade do modelo tributário está somada à própria dificuldade de se constituir uma empresa e ter toda documentação eletrônica em dia, principalmente quando a fiscalização é cerrada e procura, mediante informações trocadas, obter o máximo discernimento sobre determinado contribuinte.

A conta tem sido paga, inevitavelmente, pela classe assalariada. Assim, a propalada diminuição do desemprego e o aumento de milhares de trabalhadores com carteira assinada, tudo isso reflete mais arrecadação para o Governo, depósitos fundiários, seguridade social, no sentido de azeitar a máquina e proporcionar forte centralização em mãos da União.

Capítulo 7

Da Transação Penal Tributária

7.1 Alternativas de solução do conflito. 7.2 Implementação da transação e pressupostos. 7.3 Análise didática da suspensão e condições do benefício. 7.4 Consecução do benefício e sua violação. 7.5 Crise da empresa e novos delitos.

7.1 Alternativas de solução do conflito

A figura da transação penal tributária é meio alternativo do reconhecimento daquela situação irregular e ilícita, tendendo à normalização, para fins de prestação de serviços à comunidade.

Não se podem comparar, sequer em tese, as consequências do delito praticado pelo micro ou pequeno empresário às daqueles cometidos por empresas gigantes, internacionais e transnacionais, cuja coloração é extremamente diversa.

A perspectiva que se coloca, até como medida alternativa, é viabilizar prestação de serviços à comunidade sem prejuízo da liquidação da obrigação tributária, de forma parcelada.

A dura e nua constatação encaminha-nos no sentido de que o legislador de modo algum pretende manter preso, cumprindo pena, o delinquente tributário; sempre, e de forma tolerante, se criam mecanismos paralelos voltados à satisfação da obrigação e ao exaurimento dos comandos voltados à composição.

É da teleologia normativa essencial preconizada, portanto, a capacidade de permitir um formato voltado ao campo da prestação de serviços comunitários, e tudo não serve de impedimento ao parcelamento do débito; em linhas gerais, não satisfeita a obrigação, a pena de prisão torna-se meio coercitivo com a finalidade primária, qual seja, o pagamento.

Entremostrada a repercussão que possa demonstrar no contexto, tudo permite afirmar que nos delitos cujas penas se mostram inferiores a três anos exsurge um termo de compromisso, convertendo-se a pena restritiva de liberdade em prestação de serviços à comunidade.

Efetivamente, fazendo cessar de imediato o cumprimento da pena, objetivando termo de compromisso, tem conotação de especificidade no âmbito do delito tributário, observando-se também grau de primariedade, antecedentes e demais aspectos adstritos à pessoa do contribuinte inadimplente.

Dentro do quadro esboçado pelo Anteprojeto 5.082/2009, os meios alternativos sobressaem vinculados ao papel que se destaca no campo da coercitividade, haja vista, ainda que tardia, a perspectiva de assumir termo de compromisso, livrando-se do cumprimento da pena privativa de liberdade.

E nem poderia ser diferente no campo penal tributário, isto porque, mantido preso o contribuinte, o gerenciamento, a administração e os atos rotineiros da empresa ficariam delegados, comprometidos, dado o esvaziamento de sua ausência caracterizada.

No Direito Comparado é muito comum esta possibilidade de prestar serviços à comunidade, a exemplo do que aconteceu com diretor executivo, ocupando cargo de presidente de empresa automobilística, pelo desvio e sonegação de impostos.

Combatemos, no entanto, o excesso desmesurado e desabrido que se coloca favorável ao praticante do delito, na sinalização efetiva do momento no qual poderia se manifestar em termos de transação.

Consequência de tudo isso, na primeira audiência, antes de ser naturalmente conduzido o procedimento, sob a forma de oralidade, encerrando prática de menor potencial ofensivo, a exemplo do Juizado, comportaria ao acusado destacar interesse de transação, evitando, com isso, inócuo desenrolar dos atos processuais, mobilizando a máquina de maneira imprecisa e custosa.

Nada justificaria, portanto, em princípio, se aguardasse o final do processo e a sentença condenatória para que houvesse a transação, exceto a intenção de colher prescrição. Daí por que o remédio inserido mostra-se de boa utilidade; porém, se fosse precedido de maior cautela, conferiria o resultado positivo esperado.

Nota-se, pois, a excessiva preocupação do Governo Federal, em todos os sentidos, de centralizar a arrecadação, querer criar um IVA sob seu comando e descontinuar a guerra fiscal entre Estados e Municípios; mas o caminho contém pecado original inadmissível.

7.2 Implementação da transação e pressupostos

Contempla o Anteprojeto 5.082/2009, de seu turno, a viabilidade de sujeitar o infrator cuja pena não exceda três anos ao termo de compromisso, mediante anuência do Ministério Público, convolando pena restritiva em prestação de serviços à comunidade.

O primeiro pressuposto, em termos de requisito formal, cumpre analisar, refere-se ao prazo da condenação, cuja pena deverá ser inferior a três anos, quando os débitos não estariam pagos, pois, se adimplidos, a natural extinção da punibilidade sucederá, conforme a legislação em vigor.

Uma vez proferida sentença penal condenatória, e desinteressado o infrator de interpor recurso, o melhor caminho que se delineia no horizonte diz respeito à transação.

Subordina-se ao compromisso de correição de conduta, com o expresso consentimento do Ministério Público, colimando a conversão de sua pena privativa de liberdade naquela de serviços comunitários, com idêntica equivalência e proporcionalidade, sempre se tornando obrigatório o pagamento integral da dívida.

Desnecessário sublinhar que a simples prestação de serviços, desacompanhada do efetivo pagamento, nada repercute favoravelmente ao contribuinte; assim, estando livre e tocando o rumo da empresa, inevitável possa auferir recursos suficientes à liquidação da obrigação tributária.

Nota-se a criação de duas figuras de transação, aquela preventiva e a outra por adesão, as quais, paralelamente, caminham na direção de manter transparência, focando condições ao Fisco de avaliar e redirecionar a conduta no tocante ao cumprimento da obrigação.

De qualquer sorte, em hipótese alguma o pacto assinado de conversão do regime prisional em prestação de serviços comunitários, por si só, desonera do pagamento do tributo, estabelecidos os critérios da identidade e da proporcionalidade.

Por tudo isso, e verificado também na hipótese concreta que o regime prisional imposto na sentença não é salutar, abre-se a possibilidade do compromisso de conduta.

Referido ajuste leva em consideração alguns fatores, os quais servem de predicado à sinalização concreta da medida; por tal ângulo, portanto, a suspensão condicional da pena ressalta imprescindível o pagamento do tributo.

Recapitulando, na sua essencialidade a norma penal encerra transação; são considerados os antecedentes, eventual processo penal existente, e todas as circunstâncias que definem o perfil daquele contribuinte inadimplente.

Mediante o termo de compromisso, o condenado se permite prestar serviços e liquidar sua dívida, ainda que parceladamente, para evitar o regime imposto na sentença proferida.

Observa-se que existe uma manifestação livre e soberana do condenado informando seu interesse em transigir, decorrendo a suspensão condicional da pena, a contar da respectiva data do pagamento.

Cumpre ponderar que a definitiva extinção somente acontecerá decorrido o lapso de cinco anos, contados da autorização judicial existente no caso de transação; daí por que, independentemente do momento no qual se permite o sobrestamento, certo se torna considerar que, via de regra, o tempo do lustro legal é fundamental na extinção da punibilidade.

Há um acompanhamento e consequente monitoramento em relação ao contribuinte inadimplente, de tal sorte a permitir manifestação favorável ao benefício, que não é incondicional ou se apresenta livre de imposições.

A transação proposta pelo interessado poderá ser recusada pelo Ministério Público, que a ela resolve não aderir, mas de acordo com decisão judicial prolatada de modo fundamentado.

Admitamos que o réu se manteve revel ao longo do procedimento, sem demonstrar qualquer interesse na consecução da verdade real ou colaboração por intermédio das provas; evidente que esse traço marcante tem realce no benefício futuro suspensivo da pena.

Os elementos de conteúdo objetivo serão analisados, a seu tempo, na qualificação e no conceito do contribuinte inadimplente, no desenvolvimento do termo de compromisso e seu ajuste à realidade.

7.3 Análise didática da suspensão e condições do benefício

O crime tributário representa a violação da ordem emblematicamente positivada e dotada de eficácia, cuja validade fora rompida em razão da conduta do contribuinte, que preferiu se expor ao risco do cometimento do ato ilícito.

Nessa orientação, visando a melhor instrumentalizar o detentor da ação penal, conjugam-se fatores relevantes, os quais se identificam precisamente no limite do *quantum debeatur* ao Erário Público.

Não haveria justa causa para a persecução penal na esfera do delito tributário se o valor sonegado não alcance a soma de 20 mil Reais, conforme entendimento da própria Receita Federal, alicerçada na Portaria 130 do Ministério da Fazenda, de 19.4.2012.

Apesar da Portaria e da disciplina feita pelos Estados e Municípios visando à inscrição de valores sujeitos à cobrança pela Dívida Ativa, não há consenso em relação à repercussão do assunto no quadro da justa causa para a ação penal.

Se o contribuinte, sob diversas modalidades de empresa, não recolhe o imposto, faz sua apropriação ou sonegação, a simples interpretação do limite da importância em vigor colimando inscrição, não seria suficiente para afastar, em tese, a apuração da responsabilidade penal.

Evidente que o crime tributário nasce do fato de existir previsão normativa violada pelo contribuinte, sujeitando-se aos reflexos de sua conduta nociva à sociedade.

Bem na vertente preconizada, e feita uma análise didática, a pena imposta, inferior a três anos, em nada incrementa seu dever de pagar obrigação, mas, sim a transação sobrevinda, na qual se tornam expressas a realidade da dívida e a forma de liquidação.

Contando com esse novo aparato, o Estado tem duplo benefício: de um lado, não precisa disponibilizar alojamento para cumprimento da pena ou fiscalizar seu cumprimento; de outro, acaba recebendo o tributo com os respectivos encargos da mora – solução que se coaduna com o princípio de ajustar a conduta do contribuinte inadimplente.

Completando mais de duas décadas de sua vigência, a Lei 8.137/1990, revolucionária no surgimento, mostra-se desadaptada ao ambiente e à realidade atual do modelo tributário.

Ao tratar da suspensão condicional da pena o legislador esmerou-se em facultar uma derradeira oportunidade ao contribuinte que se viu condenado a pena inferior a três anos.

E nesse aspecto se garante aquilo que Gilmar Mendes e outros[1] defendem, intransigentemente, como uma das mais relevantes conquistas de garantia do moderno direito constitucional, qual seja: o devido processo legal.

Representa uma garantia auxiliar, específica, de forma subsidiária, e a mais importante de todas, no seu aspecto geral (*Auffanggrundrecht*), de tal arte que repercute diretamente na consecução da sanção penal tributária.

Ao se pronunciar de modo voluntário na direção do benefício que a legislação lhe faculta, o condenado é obrigado a declinar a forma de pagamento do tributo, dada sua condição indispensável de integrar o modelo de composição.

Notando-se a espontaneidade em relação à liquidação da obrigação tributária, colhe-se, com acerto, a possibilidade de ser suspenso o cumprimento da pena, superveniente às exigências existentes, e com a extinção decorridos cinco anos, a contar de sua autorização.

Efetivamente, portanto, na visão do benefício concedido, em termos de suspensão condicional da pena, o fato marcante é o pagamento, a demonstrar, uma vez mais, o intuito do legislador de resolver amparar a transação ainda que depois da condenação por delito de ordem tributária.

Aceito o benefício da transação penal, reportado às condições nele fixadas, ocorre um verdadeiro renovar no cenário da obrigação, a permitir sua liquidação parceladamente.

Indaga-se, pois: se o parcelamento, condição *sine qua non* da concessão do benefício da suspensão, for descumprido, qual seu resultado prático imediato?

Comunicado o juízo sobre o descumprimento do acordo de parcelamento da dívida tributária, o benefício será revogado, e cumpridas as regras da condenação geral, lançado o nome do réu no rol dos culpados.

Exponencial destacar que somente força maior ou fortuito emergem no procedimento a elidir, em tese, a responsabilidade do contribuinte, de

1. Gilmar Ferreira Mendes *et al.*, *Curso de Direito Constitucional*, São Paulo, Saraiva, 2007.

tal sorte que, vindo a falir ou requerer recuperação, ambas as hipóteses têm seus delineamentos específicos em razão da realidade.

7.4 Consecução do benefício e sua violação

Prolatada no bojo do processo criminal tributário a sentença com pena inferior a três anos, parte da iniciativa do contribuinte o compromisso de ajuste, que deve obter o consentimento do Ministério Público, e uma vez comprovado o pagamento, referendada pelo juízo, na modalidade de autorização e prazo visando à extinção da punibilidade.

Uma vez mais o Governo demonstrou sua total desaprovação em relação à conflituosidade e o desaguar dos processos no Judiciário, sob a alegação da demora e pretexto de uma solução prática anêmica, não combatendo a elevada sonegação e os desmandos praticados ao longo da vida empresarial.

Banalizando as condutas e dando enquadramento típico de crime tributário, no mais das vezes o Estado se preocupa em querer receber, e em contrapartida não reduz ou mostra interesse em reduzir os gastos públicos e o grau de endividamento.

Avalia Ives Gandra Martins[2] que o albor do século XXI trará e colocará em pauta a aproximação dos sistemas tributários globalizados, a exemplo da zona franca, união aduaneira, mercado comum ou comunidade econômica, por meio do imposto sobre valor agregado, semelhante ao tributo integrativo, permeando a regulação da concorrência não predatória com a respectiva satisfação das burras estatais.

Enfim, o destino da condenação criminal mediante a transação (poder/faculdade) assemelha-se, e muito, à última oportunidade que o Estado confere ao contribuinte de minimizar as consequências da condenação e se ajustar, conseguindo a suspensão e, outrossim, efetuando o pagamento.

Assimila-se, pois, a verdadeira finalidade de contribuir para a arrecadação do Estado, dentro do ângulo que implica sua incidência, ou seja, tributo municipal, estadual ou federal, a fim de que possa o agente apresentar sua proposta de transação e quitar a dívida tributária.

2. Ives Gandra da Silva Martins, *Uma Teoria do Tributo*, São Paulo, Quartier Latin, 2005.

Em resumo: concedido o benefício, tem-se um período de observação no qual prestará serviços comunitários, sendo avaliado e comparecendo perante o juízo – espécie de prestação de contas –, fluindo o lapso de cinco anos, a contar do pagamento, para extinção da punibilidade.

Não pode o contribuinte submetido ao regime de prestação de serviços comunitários violar sua condicional, sob pena de revogação do benefício e perda do estado de primário.

Nesta direção, se houver constatação de delito de igual natureza, falta de regularidade da escrita ou descumprimento das obrigações acessórias, a implicar crime de sonegação fiscal, ou inscrição em cadastro de inadimplentes, tudo isso será motivo a justificar a revogação do benefício.

"Separando o joio do trigo", qualquer violação na esfera penal, civil, que implique obrigação, ou administrativa, tudo resultará na revogação do benefício da suspensão do cumprimento da pena, embora pago o tributo ao qual se reporta a sanção imposta.

Percebe-se, com facilidade a tentativa de domesticar o contribuinte, em todos os sentidos, e manter sério e rigoroso monitoramento na sua rotina, de tal arte que, visualizada qualquer violação, tal é de molde a levar à revogação do benefício.

A par de ter havido exagero e extrapolação dos efeitos do benefício concedido, faz jus o interessado ao contraditório, a fim de poder comprovar eventual equívoco ou a anomalia em querer sustar sua posição de regularidade fiscal.

Endereça-se à situação o primado cuja nomenclatura se refere à sonegação, norte candente e indissociável do Estado; mas é interessante descortinar o valor, sua motivação e o efetivo prejuízo acarretado, independentemente de se discutir a natureza de crime ligado ao resultado ou livre de sua configuração.

A dúvida diz respeito ao elemento de apuração desta infração: será feito incidentalmente ou no bojo da concessão do benefício que sustou o cumprimento da pena, diante do pagamento e das circunstâncias impostas.

Não traduz o legislador, eficazmente, o modelo a pressupor o caminho de apuração; no entanto, tudo supõe, por necessário, a possibilidade de um mínimo contraditório, no sentido de atender ao devido processo legal e, ao mesmo tempo, demonstrar regularidade no cumprimento dos serviços prestados à comunidade.

Não é sem razão que Paulo César Baria de Castilho[3] aponta a utilização do tributo com efeito de confisco em algumas hipóteses, atacando a multa tributária moratória ou por sonegação, elemento a ser considerado na revogação do benefício.

7.5 Crise da empresa e novos delitos

Transpondo-se exclusivamente para o campo da transação, a responsabilidade tributária incorpora-se ao receio e ao temor infundados do Governo de querer se livrar, o mais depressa possível, do estrangulamento ditado pelo serviço jurisdicional. Entretanto, pesquisa levada a efeito, contemplando o fundamento, mostra que o engessamento da estrutura do Poder Judiciário, a par de caricata infraestrutura, parte de uma dotação orçamentária minúscula e do próprio Estado, o grande cliente que se apresenta, via recurso de ofício em desuso, expedição de precatórios e excesso de litigiosidade provocado pela dimensão de uma injustiça tributária gritante.

Sublinhamos que o contribuinte em dificuldade sujeito a condenação a pena inferior a três anos pode ter contra ele uma nova batalha de incidência tributária; porém, em função do mercado, da anomalia cambial e de outros fatores, cuja leitura não é feita pelo legislador.

Alheio ao ambiente e ao cenário internacional de crise da empresa, o Anteprojeto de Lei Geral de Transação e Conciliação Administrativa e Judicial de litígios Tributários da PGFN[4] estampa a subordinação ao previsto no art. 168 da Lei 11.101/2005 para o devedor que praticar, antes ou depois da expedição do termo de transação, de conciliação ou, mesmo, do de recuperação tributária, ato fraudulento de que resulte ou possa resultar prejuízo à Fazenda Pública Nacional, com o fim de obter

3. Paulo César Baria de Castilho, *Confisco Tributário*, São Paulo, Ed. RT, 2002.

4. "Estabelece regras gerais sobre transação e conciliação administrativa e judicial de litígios tributários, ou outras soluções alternativas de controvérsias tributárias, cria a Câmara Geral de Conciliação da Fazenda Nacional – CGCFN e as Câmaras de Conciliação da Fazenda Nacional – CCFN, e dá outras providências".

ou assegurar vantagem indevida para si ou para outrem, em qualquer das modalidades de transações disciplinadas pela legislação.

Merece forte censura e total repúdio a classificação, primeiro porque se adstringe à Fazenda Nacional, segundo por trazer à baila prejuízo potencial e por último por esboçar técnica que desestimula o salvamento das empresas e coloca dúvida naqueles que podem colaborar, direta ou indiretamente, com o processo de recuperação.

A novação estampada no art. 168 da Lei 11.101/2005 envereda pelo aspecto da fraude contra credores; enquanto se tratava de norma de âmbito privado, "colocando sua colher", o Governo entendeu que há analogia, por considerar fraudulento comportamento que possa subtrair a oportunidade de recebimento do crédito tributário.

Comentando a hipótese focada na atual legislação falimentar, o ilustre promotor Arthur Migliari Jr.[5] analisou o comando penal abrangente, cuja consumação pode abrigar forma alternativa, sintomaticamente disciplinando interesses de credores particulares.

O Governo, entretanto, não se fez de rogado, e suscitou a possibilidade de o crime ser praticado contra o Fisco em eventual venda ou comportamento que identifique sonegação e/ou dilapidação patrimonial.

Não pode o Fisco, pura e simplesmente, alentar pretensão sem o exaurimento do devido processo legal administrativo, no ensinamento de Hugo de Brito Machado;[6] se houver alguma violação desta realidade, o caminho natural que se lança é o mandado de segurança.

Noutro ângulo, a atribuição de conotação de sanção penal fora inserida em relação aos informes que permeiam a transação e o desfazimento patrimonial, com o intuito de impedir a liquidação da obrigação.

Forte nesse aspecto, tratou o legislador de incriminar o contribuinte quando sonegar ou omitir informações ou prestá-las de forma falsa no curso do processamento da transação, conciliação judicial ou recuperação tributária, pretendendo induzir a erro o juiz ou a Fazenda Pública Nacional, por qualquer dos seus órgãos; nesta hipótese a pena será de reclusão de dois a quatro anos e multa.

5. Arthur Migliari Jr., in Carlos Henrique Abrão *et al.*, *Comentários à Lei de Recuperação de Empresas e Falência*, 2ª ed., São Paulo, Saraiva, 2007.

6. Hugo de Brito Machado, *Mandado de Segurança em Matéria Tributária*, 2ª ed., São Paulo, Ed. RT, 1994.

Inconvincente a regra fixada, na medida em que cabe ao Fisco vasculhar a situação do contribuinte, não abrindo mão da escrita, dos registros e da quebra do sigilo para performatar perspectiva que se coadune com o procedimento em questão.

Demais, a venda ou constituição de direitos reais sobre bens imóveis ou o desfazimento patrimonial, prejudicando a satisfação da obrigação ou o encaminhamento da normal execução fiscal, depois da notificação de inscrição em Dívida Ativa ou solicitação de transação fiscal, constituem motivo de responsabilização penal, culminando com pena de reclusão de 2 a 5 anos e multa.

Aquilo que se denominava fraude passou a ter color penal, e, a par da sede e sanha arrecadatórias, não pode o legislador transformar água em vinho, com o interesse de se banquetear no recebimento dos tributos, fazendo paralisar a empresa, desacelerar o crescimento, sem antes cogitar de uma ampla, plural e democrática reforma tributária, ao alcance da sociedade civil, e que tenha o condão de tocar na pedra de toque da justiça fiscal.

O tratamento dispensado à empresa em crise deve ser consentâneo com o próprio plano de recuperação. Assim, em escala, nada impediria que o recolhimento se fizesse progressivamente até a plena efetividade do negócio empresarial.

Inviável o legislador exigir do contribuinte-empresário em estado de crise o recolhimento nos mesmos moldes da atividade comum e normal, após o plano aprovado; também se defende tributação adequada, até porque o empresário terá que fazer face ao passado, seu passivo tributário, e também às novas operações pós-plano homologado.

E, por assim significar, a situação acarreta a desaceleração dos negócios, com o travamento da atividade produtiva, sem retorno na qualidade do serviço público, o que recomenda a estruturação de planejamento tributário para vencer a famigerada intenção da sanha do Fisco.

Capítulo 8

O Parcelamento e a Reforma Legal

8.1 O benefício normativo e seu fundamento. 8.2 Parcelamento e delito tributário. 8.3 Refinanciamento e o ilícito penal. 8.4 Recuperação da empresa e parcelamento. 8.5 Processo penal e o eletrônico.

8.1 O benefício normativo e seu fundamento

Preocupado com a crise que assolou as empresas, antenado com a forte repercussão, no segundo semestre de 2008, da *subprime* americana, o Governo Brasileiro passou a disciplinar o parcelamento da dívida tributária para as empresas em crise.

É bem verdade que a legislação introdutória – Diploma Normativo 11.941/2009 – sofreu, ao longo dos anos, inúmeras e variadas alterações, cominando com a Medida Provisória 627/2013, a qual se transformou na atual Lei 12.973/2014.

O fundamento do parcelamento está baseado na crise das empresas, na necessidade de arrecadar, na manutenção do superávit primário, redefinindo-se prazos mais elásticos, de até 15 anos, ou 180 meses, visando à liquidação das dívidas tributárias.

O parcelamento da dívida tributária – torna-se inegável enfatizar – compreende vantagens e apresenta implicação direta em relação ao ilícito penal tributário.

No concernente ao tema, bem assinala Flávio Rubinstein[1] ao ponderar a importância da boa-fé nesse campo, indutor de condutas, e das sanções penais tributárias.

1. Flávio Rubinstein, *Boa-Fé Objetiva no Direito Financeiro e Tributário*, São Paulo, Quartier Latin, 2009.

De fato, a boa-fé tem sido bastante efetiva na seara das penalidades fiscais, e revigora o princípio dotado de eficácia, no sentido de o contribuinte assumir conduta que elida sua responsabilidade.

Notadamente, o parcelamento, em prazo maior, visa a adequar a realidade de um sem-número de empresas, participando ao Fisco a clareza e transparência dos informes, sem implicar cobrança direta.

De importante, cumpre realçar que o próprio Fisco reconhece a inviabilidade do pagamento da dívida tributária pelo contribuinte, não apenas por força do excesso da carga, pelo valor, mas, fundamentalmente, pela situação da grande maioria das empresas endividadas.

Operante no ramo, o Fisco visualiza a possibilidade de ser feito um planejamento tributário da dívida a longo prazo, com a anuência das empresas, e a eliminação da multa e juros, uma espécie de parcial anistia para quem for obediente ao ditame legal.

A disciplina do parcelamento tributário insere-se na configuração do ilícito penal, cuja repercussão traz a conotação normativa peculiar da própria legislação.

Na identificação do delito tributário é sempre natural "separar o joio do trigo", de tal modo que o contribuinte inadimplente de boa-fé, para preservar a empresa e os empregos, sem sombra de dúvida, não se equipara àquele cuja conduta seja ilegal, corriqueiramente.

Condensando dispositivos normativos, o Fisco buscou consolidar o planejamento de refinanciamento da dívida tributária numa estrutura segura, oferecendo meios e garantias, por 15 anos, ou 180 meses, de modo a poder regularizar a situação de milhares de empresas devedoras mas sem condições reais de pagamento.

Emerge claro por meio do parcelamento sua interface com o ilícito tributário, justificando amiúde a intenção do Fisco de buscar a certeza e a segurança jurídicas, na captação do maior número de empresas e repercussão na seara do delito tributário.

Reflete o insucesso, ainda, de tentativas frustradas que não impeliram o contribuinte ao efetivo pagamento, cuja solução, resgatada por intermédio de prazo dilatado pressupõe estabelecer um nexo de causa e efeito diante do alongamento inarredável da liquidação dessa obrigação tributária.

O número de empresas empenhadas na adesão crescerá na medida em que a própria economia mostrar resultados confiantes; assim, a tendência natural é a de revelar perspectivas condizentes com a regularização da realidade tributária empresarial.

8.2 Parcelamento e delito tributário

Ao aderir ao planejamento de pagamento parcelado de sua dívida, por reconhecê-la, o empresário-contribuinte assume papel que se mostra relevante principalmente na tipologia do delito tributário.

Efetivamente, se aos olhos do Fisco eventual ilicitude penal tributária tem razoabilidade, na medida em que se filia à corrente de cerrar fileira na direção de pagar parceladamente, tudo reflete uma singular alteração do conceito.

Sabemos na realidade que o início propriamente dito da ação penal que apura a responsabilidade do contribuinte somente se dá finda a etapa administrativa, conforme a natureza do lançamento, reconhecendo a incidência do fato gerador da obrigação.

Desta forma, não é sem propósito aguarde o contribuinte a definição ditada pela instância administrativa, no aspecto de diligenciar o parcelamento e não se submeter à figura do ilícito penal tributário.

A interpretação teleológica aplicável à espécie significa que o contribuinte discutirá, à exaustão, sua responsabilidade, mas vencido, ainda que não convencido, infrutífero aguardar o ajuizamento da cobrança e o procedimento penal tributário.

No ângulo de visão subministrado, não é interessante para o contribuinte sofrer os percalços da cobrança e muito menos da propositura da ação penal incondicionada, haja vista uma série de restrições e a possibilidade condenatória existente.

Cumpre, assim, ao contribuinte solucionar o impasse antes do ingresso da ação penal, colimando demonstrar boa-fé e uma tardia denúncia espontânea, a fim de que seja privilegiado no sinalizar interesse em face do parcelamento da dívida.

Os requisitos de forma e de fundo estão disciplinados pela Lei 12.973/2014, suscitando requisitos e predicados para solução do endividamento tributário e das respectivas pendências apresentadas pelos contribuintes.

Não basta aderir ao refinanciamento da dívida, como forma espontânea de se desvencilhar da responsabilidade penal, haja vista que, comprovando-se o incumprimento da obrigação, prosseguir-se-á, no propósito de alcançar édito condenatório.

Sobredita conduta de querer liquidar a obrigação tributária deve vir seguida do gesto inquestionável a respeito da pontualidade, a fim de se evitar a prossecução da ação penal.

Inteiramente candente a expressão feliz do saudoso William Wanderley Jorge[2] ao afirmar que o direito penal tributário necessita de um fundo ético permeado pela parêmia de que "nem tudo que é lícito é honesto".

Bem observada e desenvolvida a linha de pensar, ao empresário não interessa, de forma alguma, ser vigiado e permanentemente auditado pelo Fisco; melhor se torna regularizar aquela diferença anterior, para que tenha a necessária tranquilidade de planejar sua atividade.

É preciso enfatizar que os parcelamentos disciplinados no passado inspiraram a reforma no sentido de pontuar pagamento de poucas parcelas, seguidas do descumprimento, na vertente de expor a verdade de simplesmente querer destipificar o delito tributário.

Em linhas gerais, o devedor tributário que comete o ilícito penal, sabedor das consequências existentes, sem a menor dúvida, procurará, mediante o refinanciamento, um parcelamento que englobe aquele aspecto e não permita responder na esfera criminal.

Trata-se de ajustamento de conduta na esfera da obrigação tributária com repercussão na seara do processo penal tributário, haja vista a circunstância de querer regularizar a situação, a retirar a condição de procedibilidade da ação de responsabilização penal.

Frutifica-se, portanto, o aspecto que desenha um modelo a partir do qual o Fisco, verificando o grande número de parcelamentos frustrados e a infraestrutura incoadunável com a exigibilidade da obrigação, cujas discussões podem tramitar anos a fio, toma para si a responsabilidade de frear o conflito e buscar uma solução aparentemente factível.

Compreende-se que cada empresa, ao renegociar sua dívida junto ao Fisco, com uma série de benefícios, a começar da multa e dos juros,

2. William Wanderley Jorge, *Curso de Direito Penal Tributário, Parte Geral e Especial*, São Paulo, Millennium, 2007.

proporá o acertamento por meio de parcelas que não comprometam a sobrevivência e muito menos incapacitem a pontualidade da obrigação, sob pena de respingar na esfera penal.

8.3 Refinanciamento e o ilícito penal

Repaginada a moldura da estrutura da dívida tributária, desde a primeira lei que disciplinou o tema até a atual, sob o n. 12.973, de 2014, tem-se que é fundamental exprimir a boa-fé, inclusive mediante garantias, para repercutir no campo do ilícito penal tributário.

A denúncia restará prejudicada se, até então, houver a formalização do parcelamento do débito tributário, transparecendo, assim, na sua essência, comportamento do contribuinte no sentido do acertamento de sua posição perante o Fisco.

Com efeito, a forma de parcelar a dívida, por si só, revela o aspecto que desenha a motivação do contribuinte de não querer sofrer a penalidade no campo criminal.

Desta forma, portanto, somente será admissível, *si et in quantum*, o recebimento da denúncia, na hipótese de parcelamento, se estiver comprovada a falta de cumprimento obrigacional.

Em outras palavras, de forma concisa: se o devedor adere ao parcelamento mas, por motivo que não vem à baila, deixa de recolher o valor, de imediato o Fisco fará a comunicação, e o juízo, sabendo dessa realidade, receberá a denúncia, dando início à responsabilização criminal.

Bem se denota, pois, que o legislador aprendeu as lições do passado, somente impedindo o recebimento da denúncia; mas à medida que a obrigação passa a não ser mais recolhida, de imediato, surge o informe e, com ele, o início do contingenciamento da ação penal.

É interessante ressaltar que o parcelamento da dívida tributária causa, em relação ao Fisco, a suspensão da pretensão punitiva, e durante referido estágio de tempo não corre a prescrição.

Forte nesse ponto, o legislador buscou acautelar a posição do Estado de poder prosseguir na ação penal, sem qualquer reflexo negativo derivado da prescrição da pretensão punitiva, a qual se mantém suspensa.

Fundamentalmente, a percepção disposta na reportada legislação cumpre seu papel ao exteriorizar que o Estado não abriu mão de sua função, apenas aguardará a definição a respeito do pagamento, e, se não houver, imediatamente prosseguirá quanto à incidência do delito de responsabilização em desfavor do contribuinte.

O modelo incorpora novos conceitos em relação ao delito tributário, porquanto o legislador exige que a obrigação seja efetivamente paga, compreendendo o principal e seus acessórios.

A regra que irradia eficácia da extinção da punibilidade é acertadamente impositiva, isto porque define a conduta em atenção ao valor da obrigação e àquele contido na denúncia.

Consolida-se, assim, por tal caminho, uma oportunidade dada ao contribuinte de se livrar, em definitivo, da ação penal caso venha a pagar o valor integral dele exigido.

Nota-se que em relação ao parcelamento existe uma anotação sobre a eliminação ou redução de multa e juros; porém, se houver em andamento ação penal, exige o legislador que o pagamento corresponda exatamente à sua realidade.

A extinção da punibilidade, prevista a qualquer tempo, implica pagamento da obrigação tributária de acordo com os valores exigidos, reconhecidos como líquidos e certos pelo Fisco, em atenção à Certidão da Dívida Ativa, infirmando a responsabilidade penal.

Reforçando o núcleo cujo espírito é evitar discussão ou qualquer dúvida a esse respeito, no seu aspecto fundamental, cuidou o legislador de trazer à baila o caso concreto de ação penal em andamento.

Nessa perspectiva, o valor do pagamento visando à extinção da punibilidade deverá se entrelaçar com aquele encerrado na denúncia, ou seja: somente se livrará o contribuinte do prosseguimento da ação se liquidar aquela soma constante da peça acusatória.

E nesse ponto poderia pairar uma dúvida sobre se o valor integral ao qual se refere a ação penal estaria vinculado com a denúncia, ou seria indexado ao tempo do pagamento; evidente que a realidade nua e crua leva à conclusão de sua indexação.

A cada modalidade de tributo e esfera de competência corresponde uma forma de atualização da moeda que é inerente à responsabilidade do administrador público, eis que não pode transigir na hipótese, mas, sim, receber integralmente o valor.

Bastante oportuno divisar que o pagamento feito na esfera administrativa e integrando o total da obrigação será comunicado ao juiz que apura a responsabilidade criminal, mediante documento acostado.

E aqui não importa a fase penal da ação, até ser posterior à sentença prolatada; o pagamento, de imediato, reflete a extinção da punibilidade, eis que o Fisco alcançou por meio indireto seu real objetivo, qual seja, a liquidação da obrigação tributária, a ele não interessando outra circunstância.

Edifica-se, pois, novo modelo, cuja roupagem estimula a revisão da conduta por intermédio de adequada filiação ao plano de parcelamento da dívida, enquanto ação penal, ou simplesmente de seu pagamento, quando houver decisão desfavorável ao contribuinte.

Cabe ao contribuinte recolher o valor para ter extinta a punibilidade e demonstrar a intenção de solver a obrigação, desarmando o Estado punitivo nessa percepção de adimplemento.

8.4 Recuperação da empresa e parcelamento

Ao tempo do advento do Diploma Normativo 11.101, de 9.6.2005, concomitantemente fora editada lei complementar, sob o n. 118/2005, a qual tinha por pressuposto regularizar a pendência tributária do devedor empresarial. Contudo, de forma acertada, a jurisprudência encaminhou-se na direção de tornar desnecessária certidão de débitos tributários, consoante o art. 57 da mencionada legislação.

O foco do debate, na presente hipótese, diz respeito à utilização de regras do refinanciamento federal para os âmbitos estadual e municipal, não apenas para incluir a empresa em crise, objeto do parcelamento, mas, sobretudo, excluir o crime tributário.

Notadamente, a empresa em crise atravessa onda desfavorável aos seus negócios, e, consequentemente, em atenção à responsabilidade do devedor, insta considerar, pelo princípio da boa-fé, o respectivo parcelamento.

Nessa percepção, Jorge Lobo, ao se referir ao art. 57 da Lei de Recuperação e Falências, afirma, nessa linha de raciocínio, por questão de cautela, que o devedor deverá estar na posse da Certidão Negativa dos débitos tributários.

Acontece, porém, ser impossível e inviável que o devedor em recuperação, no prazo de 30 dias posteriormente à publicação dos editais contendo a relação dos credores, consiga junto às repartições públicas referido documento.

A perspectiva que se desenha é a de possibilitar, na omissão do legislador, sem regulamentar a lei complementar, submissão ao comando do REFIS 4, o qual estabelece prazo de 15 anos, ou 180 meses, na toada da liquidação da obrigação.

Verdadeiramente, a maioria ou quase a totalidade das empresas em crise, quando se valem do instituto da recuperação, preocupam-se mais de perto com determinadas categorias de credores, relegando o Fisco a um segundo plano.

Evidentemente, na recuperação não existe critério hierárquico de crédito, daí por que tudo dependerá da livre negociação e dos ativos correspondentes ao passivo, no sentido do alongamento da dívida e fiel cumprimento da obrigação tributária.

Matéria muito palpitante diz respeito ao devedor-empresário em estágio de recuperação, assumindo o parcelamento da dívida tributária, comunicando ao juízo, porém não honrando sua obrigação.

A implicação automática resultará na possibilidade do oferecimento da denúncia, ou seu recebimento; entretanto, em hipóteses dessa natureza melhor se afigura verificar qual o motivo que provoca solução de continuidade diante do parcelamento homologado.

Fundamental destacar que a existência de processo criminal por ilícito tributário desemboca na aferição da credibilidade do devedor e na função precípua consubstanciada no plano, homologado em assembleia.

Grandes empresas em crise, atravessando maré baixa, sem a menor dúvida, revelam altos passivos tributários, mas é pressuposto elementar discorrer sobre o reconhecimento do crédito e, ao mesmo tempo, sobre o efetivo parcelamento.

A disposição disciplinar no atual diploma legal é reveladora, na medida em que confere prazo bastante propício, no máximo de 15 anos, a fim de que a empresa resgate seu débito com o Fisco.

A inteligência da dicção legal permite constatar que a empresa recuperanda, para voltar a funcionar com toda sua capacidade operacional, não pode sofrer constrição ou abalo por intermédio de posições ortodoxas do credor tributário.

Funda-se o pensamento na desnecessidade da exibição de Certidões Negativas tributárias, em sintonia com certa desoneração, traduzindo menor carga durante o início da fase de recuperação; isto porque, além do débito parcelado, competirá à empresa liquidar os valores resultantes de sua atividade.

O estado de moratória deflagrado a partir do momento em que a empresa se socorre da recuperação não significa, em absoluto, qualquer desatenção com seus credores, mas, sim, a compreensão e a paciência necessárias ao enfrentamento do momento transitório configurado.

Prudente, pois, que o Fisco, principalmente cercado de cautelas e garantias, não exija mais do que a empresa tenha condições de recolher e desembolsar no acertamento do seu passivo renegociado.

Forçoso reconhecer que a renegociação da dívida tributária, a título de repactuação, emblematicamente, na sua plasticidade, permeia a forma pela qual a empresa se comportará diante do passivo e a respectiva liquidação da obrigação.

Evita-se, mediante o parcelamento, que o Fisco adote medidas intranquilas e que possam provocar a desestabilidade do procedimento de recuperação empresarial.

O aspecto gizado convence mais e melhor o devedor-empresário ao acautelamento decorrente do diploma legal que previu o parcelamento; e, ainda que não se refira expressamente à forma de regulação da lei complementar, não impede, objetivamente, sua adoção como técnica de minimizar os problemas oriundos do endividamento.

Basta dizer que o parcelamento concedido elimina os gravames, em maior ou menor extensão, de multa e juros, fazendo com que a empresa se responsabilize, acenando com planejamento de longo prazo, em obediência à confissão de dívida.

Não se pretende criar inconveniente ou barreira intransponível à empresa em dificuldade financeira, no estado de recuperação, mas, simplesmente, proporcionar metodologia segura que permita, durante a tramitação do processo, a responsabilidade de um compromisso assumido e nenhuma outra medida paralela do Fisco para asfixiar o capital de giro da empresa.

Repercute positivamente perante a comunidade dos credores referida técnica, inibindo a configuração do ilícito penal tributário; e, ao mesmo tempo, renova a perspectiva de prosseguir em atenção aos negócios empresariais, sem contratempo.[3]

8.5 Processo penal e o eletrônico

Refundidas as circunstâncias que materializaram alterações na Lei do Rito, do processo penal, não é menos importante destacar que, em breve, rapidamente passaremos ao processo eletrônico, razão pela qual, em linhas gerais, algumas observações se fazem necessárias.

No processo penal as respectivas reformas que advieram permitiram a unificação da prova e a eliminação que separava as fases do procedimento, na consecução do princípio da verdade real.

Forte nesse aspecto, o art. 155 do CPP, quando se refere à matéria probatória, determina que o livre convencimento seja feito em razão do contraditório, cuja investigação não poderá servir de embasamento na prolação de sentença.

No delito tributário ganha relevo a disposição, na medida em que, dependendo da natureza do crime, teremos em mente elementos colhidos durante o procedimento administrativo e aqueles outros resultantes da fase investigatória.

Naturalmente, a título de subsídio, o juízo poderá se valer de ambos, mas na fundamentação do julgado é imprescindível se apegar ao contraditório e às provas produzidas, sob pena de fulminar de nulidade a sentença prolatada.

Procedimentos preparatórios cercam a fase de investigação, devendo obedecer, rigorosamente, à norma constitucional e à previsão do Código de Processo Penal.

Nessa toada, tem-se revelado frequente, pois, a presença da Polícia Federal, com a expedição de mandados judiciais, na apuração de crimes tributários e outros conexos.

Basicamente, a referida busca e apreensão é proveniente de ordem judicial e deve se atrelar ao contido nos arts. 240 e ss. do CPP.

Nesse aspecto, a preservação desse elemento probatório é fundamental para configurar a ilicitude e ter viabilidade durante a tramitação

3. Jorge Lobo, in Paulo Toledo et al. (coords.), *Comentários à Lei de Recuperação de Empresas e Falências*, São Paulo, Saraiva, 2009.

da ação de responsabilidade criminal, objetivando, com isso, carrear ao juízo elementos de segurança.

A produção antecipada de provas também pode ser considerada relevante e medida urgente, conforme estabelece a Lei 11.690/2008, adotando-se os critérios de adequação e proporcionalidade.

Aflora, por tal ângulo, o titular da ação penal, no caso, o Ministério Público, responsável pelo oferecimento da denúncia e o acompanhamento das provas, conforme a disciplina da Lei 11.719/2008.

Não se admite, doravante, que o defensor abandone o processo, exceto por motivo justificado, denominado "imperioso", sob pena de se sujeitar à fixação de uma multa entre 10 e 100 salários-mínimos.

A remodelação do processo penal, de forma geral, reflete naquele do delito tributário, especificamente, desde a fase cautelar, investigatória, passando pela denúncia, seu recebimento, com a possibilidade de modificação sobre a compreensão dos fatos, percorrendo a colheita de prova, até definitivo julgamento.

Nesse leque abordado, pelos mecanismos próprios da verdade real, consubstancia verdadeira importância o Diploma 11.419, de 19.12.2006, em vigor desde março/2007, o qual introduziu o processo eletrônico.

A respeito do assunto, tivemos oportunidade de sublinhar que o processo digital tem inegável serventia e repercute, fundamentalmente, na esfera dos Juizados e também na reforma do processo penal, cuja principal finalidade é a de permitir integração dos atos processuais, buscando celeridade, efetividade e instrumentalidade.

Auspiciosa se torna, portanto, a inserção do processo eletrônico, isto porque gerará, consequentemente, uma visão mais depurada a respeito das provas e dos próprios elementos formadores do livre convencimento.

A revolução tecnológica não é privilégio exclusivo de alguns setores ou da Justiça, isto porque na esfera administrativa os procedimentos tributários também serão viabilizados pelo meio eletrônico.

Bem nessa formatação, o delito tributário surge dentro do modelo do processo eletrônico, o qual conterá, seguramente, todas as peças indispensáveis relativamente ao cometimento do ilícito penal tributário.

Elimina-se o processo-papel e se passa rapidamente ao meio digital, mais seguro e menos sujeito ao desaparecimento de peças, as quais impunham restauração. Daí por que a novidade será uma realidade e tratará de atender à configuração do delito e aos subsídios nas esferas administrativa e investigatória, respectivamente.

As diligências cautelares encetadas poderão ser preservadas em meio magnético e transferidas, na oportunidade, para a ação penal proposta; o simples encaminhamento do banco de dados permitirá transparência, e, acima de tudo, segurança em torno dos ilícitos praticados.

É razoável admitir que o processo eletrônico se coaduna, por se compatibilizar, com a modernidade dos tempos, onde a especulação contábil passa a ser definida, principalmente para as empresas de pequeno e médio portes, eletronicamente.

Destarte, o empresário individual ou a sociedade empresária, conforme previsão do Código Civil ou da Lei Complementar 123/2006, mantendo a regularidade da especulação eletrônica, preservarão dados e registro, os quais poderão ser acessados e conferidos pela Administração Tributária.

Desenha-se, na linha enxergada, uma nova tendência do processo penal de reduzir o formalismo e prover de meios a rápida solução, sem comprometer a estrutura da prova, e ao mesmo tempo, mediante processo eletrônico, uma percepção moderna de se alcançar a finalidade de examinar toda a documentação e permitir se conclua a respeito da existência da tipificação do ilícito penal tributário.

Deflagrada a irreversível modificação do processo-papel para o meio digital, espera-se que as autoridades administrativa e judiciária sejam dotadas de meios suficientes para a depuração dos fatos e o salutar encontro de circunstâncias que permitam a responsabilização penal.

Catalogada a matéria, em toda a sua regular envergadura, percebe-se nítido o caráter transformador que acalenta a nova realidade do processo penal, aquele eletrônico, conjugando ambos os elementos essenciais e imprescindíveis à tipificação do delito tributário.[4]

4. Carlos Henrique Abrão, *Processo Eletrônico*, 2ª ed., São Paulo, Ed. RT, 2009.

Capítulo 9

Jurisprudência

A jurisprudência coletada abrange as Cortes Estaduais, Tribunais Regionais Federais/TRFs, STJ e STF.

Foram disponibilizadas as ementas essenciais à compreensão e à diagramação do caso julgado, o que não dispensa a leitura, se assim convier, na forma integral, mediante acesso digital eletrônico.

Evitou-se, ao máximo, avolumar o número de processos julgados, apenas apresentando-se a tendência jurisprudencial recente, com a constante modificação da legislação e sua interpretação.

Notou-se substancial aumento de *habeas corpus*, em todas as fases, desde a investigação até a concretização da ação penal, objetivando-se, com isso, mostrar o cenário da utilização quase recursal do remédio constitucional.

Aprimorou-se a técnica probatória e refundiu-se a tendência de se seguir, passo a passo, o pronunciamento da Corte Constitucional, isto é, do STF.

As influências do parcelamento, do refinanciamento, não foram desmembradas, tudo sob a tipologia do Diploma Normativo 8.137/1990.

Alcançando praticamente quase 25 anos de vigência, o mencionado diploma legal ainda resulta numa série de inquietações e propriamente dúvidas, por contemplar atividade empresarial e o comportamento do contribuinte na caracterização do delito penal tributário.

Destarte, os casos trazidos à baila das Justiças Estadual e Federal, envolvendo suas respectivas esferas de competência, também vão desaguar na própria análise do STJ e, finalmente, na apreciação do STF.

As quatro instâncias existentes povocam demora na delimitação dos fatos e consequente compreensão do assunto, notadamente pela complexidade, na dinâmica eletrônica e na junção dos elementos entre os órgãos de fiscalização e a tipicidade, exteriorizada na conduta do contribuinte.

As modificações internas societárias também emperram o andamento das responsabilidades penais tributárias, mais ainda quando entre os sócios se apresentam pessoas jurídicas com sede no Exterior, delegação na representação e o questionamento sobre os atos gerenciais e administrativos societários.

O percurso atingido foi significativo não apenas para a interpretação plural da Lei 8.137/1990, mas para a aplicação de dispositivos, significando a "separação do joio do trigo", juízo de ponderação, princípios de proporcionalidade, para se alcançar o sonegador ou o delinquente tributário que vivamente representa ameaça ou perigo ao Estado Democrático.

Essas análises, evidente e efetivamente, perpassam a mera solução pontual do delito penal tributário quando se estendem e alcançam crimes antecedentes, conexos ou relacionados, no gigantismo macro da globalização e na dispersão de empresas com domicílio tributário identificado, mesmo aquelas que dinamizam sua atividade, mediante o comércio eletrônico.

O grande desafio do século XXI, pautado pela moderna tecnologia, o avanço eletrônico do comércio, será de, sem prejuízo da carga tributária, equacionar de forma menos traumática a exposição do contribuinte à figura do ilícito penal.

Dentro desse aspecto, se no âmbito dos Países desenvolvidos o crime tributário representa indefectível mácula, no Brasil sempre vem acompanhado do color de arranhar a imagem da empresa e, preponderantemente, espalhar seus efeitos, em cadeia, gerando desconfiança, não apenas em relação ao mercado, mas frente ao consumidor final.

O equilíbrio deve ser perseguido à exaustão, na finalidade principiológica, encerrando subprincípios, cuja maior circunstância repercute na liquidação da obrigação tributária. Isso porque o delito, por si só, sofre certo desaparecimento mediante o recolhimento, ainda que a destempo.

O retrato sempre modernizado das entidades de fiscalização e a percepção do próprio cidadão de que nada passa despercebido, tudo isso leva à sensação de que, cada vez mais, a sonegação, mesmo profissional, tem seus dias contados.

I – JURISPRUDÊNCIA DOS TRIBUNAIS ESTADUAIS

(A) Tribunal de Justiça do Estado de São Paulo

(1) ACr 9000002-02.1998.8.26.0157

Ementa: Crime contra a ordem tributária (art. 1º, I, II e IV, da Lei n. 8.137/1990, combinado com o art. 71 do CP) – Prescrição da pretensão punitiva estatal – Inocorrência – Mérito – Supressão do ICMS por meio da emissão de notas fiscais sem a devida autorização, omissão de operações no livro de registro da empresa e omissão de informações à autoridade fazendária – Crime caracterizado, integralmente – Provas seguras de autoria e materialidade – Palavras coerentes e incriminatórias de agentes do Fisco – Versão exculpatória inverossímil – Conduta dolosa caracterizada – Fatos perfeitamente típicos – Continuidade delitiva configurada – Condenação imperiosa – Responsabilização necessária – Apenamento criterioso – Apelo improvido.

ACÓRDÃO – Vistos, relatados e discutidos estes autos de Apelação n. 9000002-02.1998.8.26.0157, da comarca de Cubatão, em que é apelante Gustavo Sarabando Vieira Barbosa, e apelado Ministério Público do Estado de São Paulo: Acordam, em 4ª Câmara de Direito Criminal do Tribunal de Justiça de São Paulo, proferir a seguinte decisão: "Negaram provimento ao recurso. V.u.", de conformidade com o voto do Relator, que integra este acórdão.

O julgamento teve a participação dos Exmos. Des. Euvaldo Chaib, pres., e Ivan Sartori.

São Paulo, 27 de maio de 2014 – *Luís Soares de Mello*, Relator. *(Assinatura Eletrônica)*

(2) ACr 0008124-26.2008.8.26.0637

Crime contra a ordem tributária – Configuração – Conduta de reduzir pagamento de ICMS no valor total de R$ 18.366,49, mediante alteração de notas fiscais – Materialidade e autoria demonstradas – Inscrição na Dívida Ativa – Prova testemunhal de agentes fiscais – Versão ofertada pelos apelantes que não os elide de responsabilidade – Tentativa de culpar terceiro que nega qualquer envolvimento com o crime – Apelantes que eram sócios-proprietários da empresa e tinham o dever de se inteirar acerca das movimentações tributáveis de seu negócio – Condenações mantidas – Penas bem dosadas – Apelos desprovidos.

ACÓRDÃO – Vistos, relatados e discutidos estes autos de Apelação n. 0008124-26.2008.8.26.0637, da comarca de Tupã, em que são apelantes Olivar Vivi e Virgínia Reinas Vivi e apelado Ministério Público do Estado de São Paulo: Acordam, em 16ª Câmara de Direito Criminal do Tribunal de Justiça de São Paulo, proferir a seguinte decisão: "Negaram provimento ao recurso. V.u.", de conformidade com o voto do Relator, que integra este acórdão.

O julgamento teve a participação dos Exmos. Des. Pedro Menin, pres., e Alberto Mariz de Oliveira.

São Paulo, 17 de dezembro de 2013 – *Otávio de Almeida Toledo*, Relator.

(3) ACr 0005424-80.2004.8.26.0358

Apelação criminal – Crime contra a ordem tributária (art. 1º, inciso II, da Lei n. 8.137/1990) – Absolvição – Impossibilidade – Materialidade e autoria assim como o dolo do réu bem demonstrados. Impossível a absolvição quando comprovado que o réu fraudou a Fiscalização Tributária, inserindo dados inexatos em nota fiscal, implicando em supressão de ICMS – Recurso não provido.

ACÓRDÃO – Vistos, relatados e discutidos estes autos de Apelação n. 0005424-80.2004.8.26.0358, da comarca de Mirassol, em que é apelante João Roberto Bozelli e apelado ministério público do Estado de São Paulo: Acordam, em 1ª Câmara Criminal Extraordinária do Tribunal de Justiça de São Paulo, proferir a seguinte decisão: "Negaram provimento ao recurso. V.u.", de conformidade com o voto do Relator, que integra este acórdão.

O julgamento teve a participação dos Exmos. Des. Nuevo Campos, pres., e Hermann Herschander.

São Paulo, 16 de dezembro de 2013 – *Luís Augusto de Sampaio Arruda*, Relator. *(Assinatura Eletrônica)*

(4) ACr 0012811-40.2010.8.26.0196

Apelação – Crimes contra a ordem tributária – Sonegação fiscal – Prescrição tendo por base a data da sonegação – Descabimento. O termo *a quo* para o cômputo do prazo prescricional é a data da constituição do crédito tributário, de acordo, inclusive, com a Súmula Vinculante n. 24 do egrégio STF, e, portanto, entre esta data e a do recebimento da denúncia constata-se não ter sido extrapolado o limite previsto no art. 109 do CP.

Alegação de equívoco na constituição de uma nota fiscal – Existência de outras várias aptas à configuração do crime – Absolvição – Impossibilidade. Ainda que realmente existisse o erro alegado em uma das notas fiscais, o crime configurou-se com a redução no recolhimento de tributos em razão da omissão no lançamento de diversas notas fiscais e, ainda, de recolhimento a menor com utilização de alíquota incorreta, e, portanto, inviável a absolvição – Recurso não provido.

ACÓRDÃO – Vistos, relatados e discutidos estes autos de Apelação n. 0012811-40.2010.8.26.0196, da comarca de Franca, em que é apelante Manoel Justino de Paula e apelado Ministério Público do Estado de São Paulo: Acordam, em 15ª Câmara de Direito Criminal do Tribunal de Justiça de São Paulo, proferir a seguinte decisão: "Negaram provimento ao recurso. V.u.", de conformidade com o voto do Relator, que integra este acórdão.

O julgamento teve a participação dos Exmos. Des. Poças Leitão, pres., sem voto, Encinas Manfré e De Paula Santos.

São Paulo, 24 de outubro de 2013 – *J. Martins*, Relator. *(Assinatura Eletrônica)*

(B) Tribunal de Justiça do Estado do Rio de Janeiro

(1) ACr 0179319-76.2007.8.19.0001 (4ª Câmara Criminal)

Apelação criminal – Crimes contra a ordem tributária – Condutas previstas no art. 1º, II e IV, da Lei n. 8.137/1990 – Autoria e materialidade comprovadas – Dosimetria da pena – Aplicação correta – Confissão espontânea – Inocorrência – Sentença correta – Desprovimento do recurso.

A materialidade e a autoria do crime previsto no art. 1º, IV, da Lei n. 8.137/1990 restou amplamente demonstrada no Procedimento Administrativo n. 04/352.155/2005, da Secretaria Municipal de Fazenda, não havendo que se falar em reforma da sentença para fins de absolvição.

Tendo em vista a dupla vulneração da norma proibitiva (incisos II e IV do art. 1º da Lei n. 8.137/1990), resta claro que houve uma maior culpabilidade do agente, justificando-se a fixação da pena-base pouco acima de seu mínimo legal.

A confissão ficta ou qualificada, na qual o agente agrega à confissão teses defensivas descriminantes ou exculpantes, não tem o condão de ensejar o reconhecimento da atenuante prevista no art. 65, inciso III, alínea "d", do CP, estando correto o entendimento do douto Magistrado de primeiro grau.

Considerando que o crime foi cometido em continuidade delitiva, elevou-se a reprimenda em dois terços, acima do limite mínimo, já que praticados 53 ilícitos penais no período compreendido entre abril/1999 e dezembro/2003, como comprovado no auto de infração lavrado.

Diante do *quantum* de pena aplicado, o regime aberto e a substituição por restritiva de direitos são incabíveis, já que não preenchidos os requisitos legais.

Rio de Janeiro, 13 de maio de 2014 – *Antônio Eduardo F. Duarte*, Relator.

(2) HC 0066299-03.2013.8.19.0000

Habeas corpus – Crime contra a ordem tributária – Art. 1º, parágrafo único, da Lei n. 8.137/1990, por cinco vezes, na forma do art. 71 do CP e do art. 1º, inciso II, da Lei n. 8.137/1990 e art. 1º, inciso V, da Lei n. 8.137/1990, todos na forma do art. 69 da lei repressiva em vigor – Inépcia da inicial acusatória – Inocorrência – Observância do art. 41 do CPP – Justa causa – Inexistência – Medida excepcionalíssima que somente deve ser acatada se demonstrada a carência de indícios da autoria e da materialidade delitiva, o que não se modela de maneira contundente no exame do caso concreto. A estreita via eleita não se presta como instrumento processual para o exame da procedência ou não da acusação. Isso porque essa questão se enfronha em aspectos que demandam dilação probatória e, também, valoração do conjunto de provas que devem ser produzidas no curso processual, fato, esse, que somente poderá ser feito após o encerramento da instrução criminal, sob pena de violação ao princípio norteador do devido processo legal – Posicionamento jurisprudencial. Por fim, a via escolhida não permite dilação probatória, pelo quê não se pode analisar concretamente o mérito da imputação nesse momento processual – Afastamento claro de constrangimento ilegal – Ordem denegada.

ACÓRDÃO – Vistos, relatados e discutidos estes autos de *Habeas Corpus* n. 0066299-03.2013.8.19.0000, em que figuram como impetrante o Dr. Carlos Eduardo M. M. dos Santos e paciente Ronaldo Lovisi Seco e autoridade coatora o Juízo de Direito da 1ª Vara Criminal da comarca de Duque de Caxias: Acordam os Desembargadores que compõem a colenda 7ª Câmara Criminal do Tribunal de Justiça do Estado do Rio de Janeiro, por unanimidade de votos, em denegar a ordem, nos termos do voto do Relator.

Rio de Janeiro, 6 de maio de 2014 – *Sidney Rosa da Silva*, Relator.

(C) Tribunal de Justiça do Estado de Minas Gerais

(1) ACr 1.0313.04.141320-1/002

Ementa: Apelação criminal – Crime tributário – Preliminar de nulidade por cerceamento de defesa – Rejeição – Absolvição – Impossibilidade – Materialidade e autoria comprovadas – Dolo evidenciado – Agente que se utiliza de notas fiscais inidôneas, furtando-se ao recolhimento de tributos, especialmente o ICMS – Venda de combustível desacobertado pelas notas ficais – Redução da pena – Não cabimento – Aplicação justa e suficiente para reprovação e prevenção dos crimes – Preliminar rejeitada – Recurso não provido. 1. Pela inteligência do disposto no art. 565 do CPP, que dispõe: "Nenhuma das partes poderá arguir nulidade a que haja dado causa, ou para que tenha concorrido, ou referente a formalidade cuja observância só à parte contrária interesse". 2. Se a denúncia narra conduta típica relevante do ponto de vista criminal e enquadrável, em tese, em diversos incisos do art. 1º da Lei n. 8.137/1990, ainda apoiando-se em farta prova documental idônea, produzida, em ação fiscal legítima, pela Secretaria de Estado da Fazenda, cujos atos, por gozarem de presunção de legitimidade, são ilidíveis somente por prova inequívoca em contrário, não há que se falar em inépcia da denúncia. 3. Estando devidamente comprovadas a materialidade e a autoria delitiva, bem como a ciência de que as notas utilizadas no período descrito na denúncia eram inidôneas, pelas circunstâncias e pela ausência de algumas, deve ser mantida a condenação do apelante pelo crime contra a ordem tributária previsto art. 1º e incisos da Lei n. 8.137/1990. 4. No caso em tela, verifica-se que o critério trifásico de fixação da pena, previsto no art. 68 do CP, foi rigorosamente observado, analisando o MM. Juízo sentenciante, de forma individualizada, todas as circunstâncias judiciais, não havendo qualquer alteração a ser procedida na primeira fase; também na análise da segunda e terceira fases da dosimetria, ou seja, na consideração das circunstâncias legais atenuantes e agravantes e das causas de diminuição e aumento de pena, nada há a modificar, mostrando-se as reprimendas aplicadas justas e suficientes para reprovação e prevenção dos crimes.

Belo Horizonte, 14 de novembro de 2013 – *Walter Luiz de Melo*, Relator.

(2) ACr 1.0024.10.129036-9/001

Ementa: Apelação criminal – Crime tributário – Preliminar de nulidade – Rejeição – Pedido de suspensão do feito até julgamento de discussão interposta da esfera cível – Prejudicado – Absolvição – Impossibilidade – Materialidade e autoria comprovadas – Dolo evidenciado – Agente que se utiliza de notas fiscais inidôneas, furtando-se ao recolhimento de tributos, especialmente o ICMS. 1. A teor do art. 563 do CPP, "nenhum ato será declarado nulo, se da nulidade não resultar prejuízo para a acusação ou para a defesa". 2. Se a denúncia narra conduta típica relevante do ponto de vista criminal e enquadrável, em tese, em diversos incisos do art. 1º da Lei n. 8.137/1990, ainda apoiando-se em farta prova documental idônea, produzida, em ação fiscal legítima, pela Secretaria de Estado da Fazenda, cujos atos, por gozarem de presunção de legitimidade, são ilidíveis somente por prova inequívoca em contrário, não há que se falar em inépcia da denúncia. 3. Estando devidamente comprovadas a materialidade e a autoria delitiva, bem como a ciência de que as notas utilizadas no período descrito na denúncia eram inidôneas, pelas circunstâncias e pela quantidade, deve ser mantida a condenação dos apelantes pelo crime contra a ordem tributária previsto art. 1º e incisos da Lei n. 8.137/1990.

Belo Horizonte, 18 de outubro de 2013 – *Walter Luiz de Melo*, Relator.

(D) Tribunal de Justiça do Estado do Rio Grande do Sul

(1) ACr 70055076194 – N. CNJ: 0232246-07.2013.8.21.7000

Apelação – crime contra a ordem tributária – fraudes fiscais – omissão de saída de mercadorias – adulteração do equipamento emissor de cupom fiscal – crime único – afastado o aumento pela continuidade delitiva – majorante do grave dano à coletividade não configurada.

a) O ânimo de adjudicar-se de créditos fiscais inexistentes é exteriorizado antes das omissões materializadoras da fraude. A omissão, não obstante seja o acabamento da ação delituosa, não pode partir-se em mais de um delito se o comando volitivo inicial foi único. Portanto, no caso concreto ocorreu somente um crime contra a ordem tributária – Afastado o aumento pela continuidade delitiva.

b) O montante de tributo que consta na denúncia por crime contra a ordem tributária não espelha o efetivo valor suprimido/reduzido, pois são acrescidas pesadas multas, juros e correção monetária – Grave dano à coletividade não configurado.

Apelação da defesa provida, para redimensionar a pena e declarar extinta a punibilidade – Apelação do Ministério Público parcialmente provida, para condenar a codenunciada. Porém, extinta a punibilidade, pela prescrição retroativa.

Porto Alegre, 28 de novembro de 2013 – *Gaspar Marques Batista*, Relator.

(2) ACr 70055178065 – 4ª Câmara Criminal – N. CNJ: 0242433- 74.2013.8.21.7000

apelação crime – ordem tributária – Art. 1º, inciso II, da Lei n. 8.137/1990 – Redução de tributo estadual – Omissão de entradas de mercadorias sujeitas a tributação – Intenção de fraude não comprovada – Dúvida quanto ao elemento subjetivo do tipo – Prova insuficiente à imposição de juízo condenatório – Absolvição mantida – Apelo improvido – Unânime.

Porto Alegre, 21 de novembro de 2013 – *Aristides Pedroso de Albuquerque Neto*, Presidente e Relator.

(3) RSE 7005474114 – 4ª Câmara Criminal – N. CNJ: 0200038- 67.2013.8.21.7000 – Cruz Alta

Crime contra a ordem tributária – Lei n. 8137/1990 – Prescrição. O prazo prescricional dos delitos previstos no art. 1º da Lei n. 8.137/1990 inicia seu fluxo a partir da decisão que arremata o processo administrativo pertinente – Recurso em sentido estrito defensivo a que se nega provimento.

Porto Alegre, 24 de outubro de 2013 – *Newton Brasil de Leão*, Relator.

(4) ACr 70055986368 – 4ª Câmara criminal – N. CNJ: 0323263- 27.2013.8.21.7000 – Porto Alegre

Apelação crime – Crime contra a ordem tributária – Art. 1º, inciso II, da Lei n. 8.137/1990 – "Notas paralelas" – Não recolhimento do ICMS.

I – Demonstrado que o acusado, na condição de sócio e administrador da empresa, reduziu tributo estadual de ICMS, fraudando a Fiscalização Tributária, através do expediente "nota paralela", e, com a autorização da Secretaria da Fazenda Nacional para impressão de notas fiscais de ns. 401 a 450, confeccionou outro conjunto de notas fiscais ns. 451 a 500, que não foram lançadas no Livro Registro de Saídas de Mercadorias do estabelecimento comercial.

II – Reconhecida a continuidade delitiva, é razoável a aplicação do percentual de aumento previsto no art. 71 do CP, tendo por critério o número de crimes.

Recurso desprovido.

Porto Alegre, 26 de setembro de 2013 – *Rogério Gesta Leal*, Relator.

(5) HC 70056166952 – 4ª Câmara Criminal – N. CNJ: 0341322- 63.2013.8.21.7000 – Caxias do Sul

Habeas corpus – Crime contra a ordem tributária – Inépcia da denúncia – Narração dos fatos com detalhes suficientes das condutas delituosas – Art. 41 do CPP.

Em se tratando de crimes societários, nos quais por vezes é difícil a individualização da conduta de cada acusado, admite-se que sejam descritos os fatos com a suficiência de detalhes que indique de algum modo o nexo causal da conduta deles e o fato delituoso.

Os elementos indiciários recomendam a investigação detalhada e pontual, garantidos o devido processo legal e o amplo direito de defesa, oportunidade em que o paciente poderá apresentar suas razões.

Ordem denegada.

Porto Alegre, 26 de setembro de 2013 – *Rogério Gesta Leal*, Relator.

(E) Tribunal de Justiça do Estado do Paraná

(1) ACr 1.058.810-4

Apelação criminal – Crime contra a ordem tributária – Omitir informação às autoridades fazendárias e fraudar a fiscalização tributária, inserindo elementos inexatos, ou omitindo operação de qualquer natureza, em documento ou livro exigido pela lei fiscal (art. 1º, incisos I e II, da Lei n. 8.137/1990 – sete vezes) – Pleito absolutório por ausência de prova da materialidade – Inocorrência – Crédito constituído – Procedimento administrativo fiscal encerrado – Arguido erro de proibição – Inexistência – Rogativa de aplicação do art. 66 do CP (atenuante inominada) – Inviabilidade – Prestação de serviços à comunidade imposta como condição para cumprimento do regime aberto – *Bis in idem* – Ocorrência – Prestação que se encontra prevista no rol de penas substitutivas – Óbice imposto pela Súmula n. 493 do STJ – Recurso não provido, de ofício afastada a condição especial imposta ao regime aberto.

I – No que se refere aos delitos cometidos contra a ordem tributária, a constituição definitiva do crédito tributário, ou seja, situação que não engloba mais recurso na esfera administrativa, confere a tipicidade da conduta. Uma vez constituído o crédito tributário, como comprovado nos autos, faz-se possível a *persecutio criminis.*

II – Depreende-se da análise dos autos que não foi demonstrada qualquer circunstância relevante a ser ponderada no presente caso, tanto que a defesa sequer cuidou de apresentar algum motivo que justificasse a incidência da referida atenuante inominada (art. 66 do CP), tendo tão somente formulado um pedido genérico apontando as condições pessoais do réu como fator para tal incidência.

III – À edição da Súmula n. 493 do STJ passou a existir o óbice à aplicação de qualquer das penas substitutivas previstas no art. 44 do CP, como condição especial para o cumprimento do regime aberto.

Curitiba, 21 de novembro de 2013 – *Lídio José Rotoli de Macedo,* relator.

(2) ACr 1.116.379-0 – 10ª Vara Criminal
– Foro Central da Comarca da Região Metropolitana de Curitiba

Apelação criminal – Crime contra a ordem tributária – Art. 1º, incisos I, II, e IV, da Lei n. 8.137/1990 (por três vezes), combinado com os arts. 11 do mesmo diploma legal e 71 do CP – Condenação – Insurgência do sentenciado – Autoria e materialidade bem delineadas pelas provas dos autos – Processo criminal que não é a sede adequada para a verificação da regularidade da constituição do lançamento tributário – Débito inscrito em Dívida Ativa – Crime contra a ordem tributária devidamente aferido – Falta de condição de procedibilidade – Inocorrência – Súmula Vinculante n. 24 do STF – Observância – Vícios inexistentes – Dosimetria da pena – Dias-multa – Fixação em patamar desproporcional à pena privativa de liberdade – Adequação – Pena restritiva de direito que não pode ser fixada como condição especial do regime aberto – Sentença reformada nestes dois últimos pontos – Indenização prevista no art. 387, VII, do CPC – Possibilidade de espelhar o valor devido à Fazenda Estadual – Quantia eventualmente paga que deverá ser abatida em sede de execução fiscal – Recurso parcialmente provido.

Curitiba, 31 de outubro de 2013 – *Laertes Ferreira Gomes*, relator.

(3) ACr 1.031.615-5 — Foro Regional de Campo Largo da Comarca da Região Metropolitana de Curitiba/Vara Criminal e Anexos

Apelação crime – Crime contra a ordem tributária – Art. 1º, incisos I e II, da Lei n. 8.137/1990 – Supressão de ICMS – Omissão de lançamentos de notas fiscais no Livro de Registro de Saída – Preliminar de inépcia da inicial sob o fundamento de falta de individualização das condutas dos apelantes – Denúncia que preenche os requisitos do art. 41 do CPP, possibilitando a ampla defesa – Preliminar afastada – Autoria e materialidade devidamente comprovadas pelo procedimento administrativo fiscal com inscrição do débito em Dívida Ativa e pelo depoimento do Auditor da Receita Estadual – Erro sobre o elemento do tipo – Ausência de comprovação – Dosimetria da pena – Insurgência – Pena-base fixada no mínimo legal ao tipo penal, reconhecimento do crime continuado praticado pelo réu 154 vezes (art. 71 do CP) – Pena de multa aplicada de forma exacerbada, minoração que se impõe – Sentença reformada neste tópico – Sócio pertencente ao quadro societário da empresa, que não detinha poderes de gerência – Autoria não comprovada – Impossibilidade de responsabilização objetiva do agente – Absolvição amparada no dispositivo do art. 386, VII, do CPP – Sentença reformada nesta parte, recurso parcialmente provido.

Curitiba, 5 de setembro de 2013 – *José Carlos Dalacqua*, Relator.

(4) HC 1.072.605-5 – NPU 0021058- 87.2013.8.16.0000

Penal – *Habeas corpus* – Paciente denunciado por crime contra a ordem tributária – Art. 1º, incisos I, II e IV, da Lei n. 8.137/1990 – Contador – Denúncia que lhe imputa o assessoramento dos proprietários da empresa contribuinte visando a suprimir ou reduzir tributo (ICMS) e escrituração omitindo operações de entrada de mercadorias – Alegada inépcia da denúncia não caracterizada, posto que indica expressa e individualizadamente as condutas imputadas ao paciente – Alegado desconhecimento da ocorrência das operações não escrituradas – Impossibilidade de reconhecimento de tal tese em sede de *habeas corpus* – Questão (existência do dolo por parte do contador) que demanda aprofundada análise de todo o material probatório – Justa causa presente para a instauração da persecução penal, uma vez caracterizados o crime e a colaboração (dolosa ou não) do paciente para a sua consecução – Trancamento da ação penal em face do paciente inviável – Ordem denegada.

Não há que se falar em inépcia da denúncia se ela imputa ao paciente contador conduta específica e individualizada, qual seja, de assessorar os proprietários da empresa e promover a escrituração contábil que resultou na supressão e/ou redução ilícita de tributos.

Há justa causa para a instauração da persecução penal em face do contador da empresa que com a sua atividade possibilita a sonegação de tributo, cabendo à Acusação o ônus de comprovar a sua atuação dolosa para obter a sua condenação ao final.

Curitiba, 20 de junho de 2013 – *Lilian Romero*, Juíza de Direito substituta em segundo grau.

(5) RvC 951.640-1

Processo penal – Revisão criminal de acórdão – Crime contra a ordem tributária – Recusa na apresentação de documentos contábeis (art. 1º, Inciso V e parágrafo único, da Lei n. 8.130/1990) – Notificação para cumprimento da exigência dentro do prazo de cinco anos – Inocorrência de decadência e de prescrição – Inteligência do art. 194, Parágrafo Único, do CTN – Revisão criminal improcedente.

Curitiba, 9 de maio de 2013 – *Marcos S. Galliano Daros*, Relator.

II – JURISPRUDÊNCIAS DOS TRIBUNAIS REGIONAIS FEDERAIS

(A) Tribunal Regional Federal da 1ª Região

(1) HC 0068687-10.2013.4.01.0000-PA – Processo na Origem: 180401920114013900

Ementa: Penal – Processual penal – *Habeas corpus* – Crime contra a ordem tributária – Lei n. 8.137/1990, art. 1º, I a IV – Delito material – Súmula Vinculante n. 24 – Início da contagem do prazo prescricional – Data da constituição definitiva do crédito tributário – Prescrição inocorrente – *Habeas corpus* denegado.

1. Em se tratando de delitos contra ordem tributária, tipificados no art. 1º, incisos I a IV, da Lei n. 8.137/1990, a jurisprudência já firmou entendimento que, por se tratar de delito material, só se consuma com a constituição definitiva do crédito tributário, nos termos do enunciado da Súmula Vinculante n. 24: "Não se tipifica crime material contra a ordem tributária, previsto no art. 1º, incisos I a IV, da Lei n. 8.137/1990, antes do lançamento definitivo do tributo".

2. O termo inicial da prescrição, portanto, no caso de crime contra a ordem tributária mediante omissão de informações na Declaração de Imposto de Renda (art. 1º, I, da Lei n. 8.137/1990), é a data da constituição definitiva do crédito tributário.

3. Na presente hipótese, não há que se falar em prescrição da pretensão punitiva estatal uma vez que do lançamento definitivo do crédito tributário, com a correspondente inscrição em Dívida Ativa, que ocorreu em 12.12.2005 (fls. 731), até os dias atuais não decorreu prazo igual ou superior a 12 anos.

4. *Habeas corpus* denegado.

ACÓRDÃO – Decide a Turma, por unanimidade, denegar a ordem de *habeas corpus*.

4ª Turma do Tribunal Regional Federal da 1ª Região, 8 de abril de 2014 – *Clemência Maria Almada Lima de Ângelo*, juíza federal (Relatora convocada).

(2) HC 0035777-61.2012.4.01.0000-BA – 4ª Turma – HC 0035777-61.2012.4.01.0000/BA-Processo na Origem: 35660982011 4013300 – Relator: Des. Federal Ítalo Fioravanti Sabo Mendes

Ementa: Processo penal – *Habeas corpus* – Crime contra a ordem tributária – Trancamento de ação penal – Parcelamento do débito – Extinção da punibilidade – Inocorrência *Habeas corpus* denegado.

1. O trancamento da ação penal é medida excepcional que somente se apresenta juridicamente possível de ocorrer quando se constatar, de plano, de forma clara e incontroversa, a ausência de justa causa hábil à instauração da ação penal, o que, *data venia*, não se vislumbra na hipótese dos autos.

2. Impende ressaltar que a Lei n. 9.964, de 10.4.2000, ao instituir o Programa de Recuperação Fiscal/REFIS, estabeleceu em seu art. 15, §§ 1º e 3º, que somente o pagamento integral dos débito extingue a punibilidade – Precedentes.

3. O fato de se obter o parcelamento do débito, e a eventual hipótese de se encontrar o pagamento em dia, por si só, não constitui fundamento jurídico apto a embasar a extinção da punibilidade, uma vez que a simples ocorrência do parcelamento do débito tributário não é suficiente a ensejar a extinção da punibilidade – Precedentes.

4. Não tendo sido demonstrada a quitação do débito em questão, não há que se falar na extinção da punibilidade e o consequente trancamento da ação penal, na forma do postulado na petição inicial.

5. *Habeas corpus* denegado.

ACÓRDÃO – Decide a Turma, por unanimidade, denegar a ordem de *habeas corpus*.

4ª Turma do Tribunal Regional Federal da 1ª Região, 25 de março de 2014 – *Clemência Maria Almada Lima de Ângelo*, juíza federal (Relatora convocada).

(B) Tribunal Regional Federal da 2ª Região

N. CNJ: 0004405-07.2009.4.02.5001 — Origem: 2ª Vara Federal Criminal de Vitória/ES (2009500 10044059)

Ementa: Penal e processo penal – Apelação criminal – Sonegação fiscal – Competência do Juízo Comum – Pena máxima em abstrato, majorada pela continuidade delitiva, excede a dois anos – Inépcia da denúncia e cerceamento de defesa não evidenciados – Constitucionalidade do art. 2º, inciso II, da Lei n. 8137/1990 – Materialidade e autoria delitivas comprovadas – Confissão qualificada – Inaplicabilidade da atenuante do art. 65, inciso III, alínea “d”, do CP.

1. Para efeitos de competência dos Juizados Especiais Criminais na Justiça Federal, devem ser considerados delitos de menor potencial ofensivo aqueles a que a lei comine pena máxima não superior a dois anos, ou multa, sem exceção. Entretanto, na hipótese de concurso formal ou crime continuado, se em virtude da exasperação a pena máxima for superior a dois anos, fica afastada a competência do Juizado Especial Criminal.

2. Não há que se falar em inépcia da denúncia quando o fato delituoso é narrado de forma clara, propiciando o pleno exercício da garantia constitucional da ampla defesa.

3. Impossibilidade de reunião de feitos em fases processuais distintas, eis que inconveniente e até mesmo prejudicial à promoção da defesa, dado o tumulto que gera – Aplicação da Súmula n. 235 do STJ.

4. A prisão que decorre da prática de crimes tributários não configura prisão civil por dívidas – Precedentes do STF (AI n. 366.390/AgR, AI 675.619/AgR, RE 391.996/AgR).

5. O crime de não recolhimento de tributos descontados de salários é omissivo próprio e exige o dolo para sua caracterização, consistente na consciência e vontade de deixar de repassar à União os valores descontados dos salários dos empregados a título de imposto de renda, prescindindo da fraude material e do *animus rem sibi habendi*.

6. A confissão qualificada, na qual o agente agrega à confissão teses defensivas descriminantes ou exculpantes, não tem o condão de ensejar o reconhecimento da atenuante prevista no art. 65, inciso III, alínea “d”, do CP.

7. Recurso desprovido.

ACÓRDÃO – Vistos, relatados e discutidos estes autos, em que são partes as acima indicadas: Acordam os Membros da 1ª Turma Especializada do Tribunal Regional Federal da 2ª Região, por unanimidade, em negar provimento à apelação criminal, nos termos do voto do Relator.

Rio de Janeiro, 11 de fevereiro de 2014 (data do julgamento) – *Antônio Ivan Athié*, Des. Federal/Relator.

(C) Tribunal Regional Federal da 3ª Região

(1) ACr 0008704-42.2007.4.03.6109-SP (2007.61.09.008704-1/SP)
N. Original: 00087044220074036109 1 Vr Piracicaba/SP

Ementa: Penal – Crime contra ordem tributária – Princípio da insignificância – Absolvição – Recurso da defesa provido – Prejudicado O Apelo Ministerial.

1. Réu condenado pela prática do delito previsto no art. 1º, incisos I e II, da Lei n. 8.137 /1990, combinado com o art. 71 do CP.

2. Princípio da insignificância. O valor do imposto devido, afastados juros de mora e multa, é inferior àquele previsto como o valor mínimo executável ou que permite o arquivamento, sem baixa na Distribuição, das execuções fiscais de débitos inscritos como Dívida Ativa da União, nos termos do art. 20 da Lei n. 10.522/2002 e da na Portaria n. 75/2012 do Ministério da Fazenda, a qual elevou o referido montante para 20 mil Reais – Precedentes desta Corte Regional (EIFNU n. 0002317-48.2006.4.03.6108; ACr n. 0004003-76.2009.4.03.6106/SP) e do colendo STJ (HC n. 195.372).

3. Recurso provido – Prejudicado o apelo ministerial.

ACÓRDÃO – Vistos e relatados estes autos, em que são partes as acima indicadas: Decide a egrégia 1ª Turma do Tribunal Regional Federal da 3ª Região, por unanimidade, dar provimento ao recurso para absolver Teodomiro José Alexandre, com fundamento no art. 386, III, do CPP, em razão da aplicação do princípio da insignificância, restando prejudicado o apelo ministerial, sendo que o Des. federal Paulo Fontes acompanhou o voto do Relator pelo resultado, nos termos do relatório e voto, que ficam fazendo parte integrante do presente julgado.

São Paulo, 13 de maio de 2014 – *Hélio Nogueira*, juiz federal convocado.

(2) ACr 0004411-70.2008.4.03.6181-SP (2008.61.81.004411-0/SP)
N. Original: 00044117020084036181 5P Vr São Paulo/SP

Ementa: Penal – Processual penal – Crime contra a ordem tributária – Materialidade e autoria do delito comprovadas – Dolo demonstrado – Alegação de ausência de intimação do contribuinte-réu acerca do procedimento administrativo fiscal – Réu intimado pessoalmente na qualidade de administrador e responsável pela empresa fiscalizada – Sentença condenatória mantida – Dosimetria da pena do réu, ora apelado – Aumento da pena-base imposta em primeiro grau – Uma circunstância judicial negativa (graves consequências do crime) reconhecida – Recurso da defesa a que se nega provimento e recurso do Ministério Público Federal a que se dá provimento para majorar a pena-base, com o redimensionamento da pena definitiva do réu, ora apelado.

1. *Materialidade e autoria.* Materialidade e autoria delitivas demonstradas.

2. A Defesa, por sua vez, não se preocupou em produzir qualquer contraprova que pudesse infirmar ou ao menos pôr em dúvida a robusta prova documental produzida pela Acusação, não trazendo ao bojo dos autos outros elementos (notas fiscais, escriturações contábeis, balanços patrimoniais etc.) que demonstrasse que não houve omissão de receitas tributáveis e de que não prestou declarações falsas ao Fisco relativas às receitas auferidas por sua empresa, sendo que não houve justificativa para a omissão dos créditos tributários apurados pela Receita Federal, deixando de recolher à época a quantia de 1 milhão, 17 mil, 302 Reais e 74 centavos.

3. E nem tampouco procede a tese defensiva de que o réu não foi pessoalmente intimado pela Receita Federal para a exibição de documentos, no decorrer do período de fiscalização realizada pelo órgão fazendário. Ao contrário do que faz crer a Defesa, o réu foi pessoalmente intimado pela Receita Federal para apresentação de documentos e tomou ciência do procedimento administrativo fiscal que lhe movia o órgão fazendário, conforme comprovam o Mandado de Procedimento Fiscal e sua complementação de fls. 15 e 16 e o Termo de Início de Ação Fiscal de fls. 17, todos assinados pelo contribuinte Edgard Baron.

4. E, logo após, já no decorrer do procedimento administrativo fiscal, a empresa só foi intimada por edital por ter mudado de endereço sem prévia comunicação às autoridades fazendárias, não tendo sido localizados o novo endereço da empresa e nem seus sócios (Termo de Verificação Fiscal de fls. 39-49).

5. A ação criminosa, ao final, restou comprovada pela confissão do réu na fase inquisitiva, corroborada pela farta prova documental anexada aos autos principais e aos apensos – vols. I a V –, tendo o Órgão Acusador comprovado a ocorrência do crime de sonegação fiscal, razão pela qual mantida a r. sentença condenatória.

6. *Recurso do Ministério* ***Público*** *Federal*. Dosimetria da pena-base estabelecida em patamar acima do mínimo legal para o réu, ora apelado – Presença de circunstância judicial negativa, qual seja, graves consequências do delito.

7. Pena corporal definitivamente estabelecida em *dois anos e oito meses* de reclusão, mantido o regime inicial *aberto*, além do pagamento de *14 dias-multa*, no valor arbitrado na sentença.

8. *Penas substitutivas*. Pena corporal substituída por restritiva de direitos, consistente em prestação de serviços à comunidade pelo mesmo tempo de duração da pena corporal, ora revista, bem como majorada a prestação pecuniária de 10 para 15 salários-mínimos, mantida a substituição da pena privativa de liberdade por restritivas de direitos, consistente em prestação de serviços à comunidade pelo mesmo tempo de duração da pena corporal, ora revista, a ser definida pelo Juízo da Execução Penal, bem como, em razão da majoração efetuada na pena-base e levando em conta a maior gravidade do delito, ora reconhecida, majorada a pena pecuniária substitutiva imposta de *10 para 15 salários-mínimos*, a ser revertida à entidade assistencial "Sociedade Viva Cazuza", tal como consignado na sentença.

9. Recurso do apelante desprovido – Recurso ministerial provido para majorar a pena-base imposta ao apelado – Substituição da pena privativa de liberdade pelo mesmo tempo de duração da pena corporal, ora revista – Majoração da pena pecuniária substitutiva.

ACÓRDÃO – Vistos, relatados e discutidos estes autos, em que são partes os acima indicados: Acordam os Desembargadores da 5ª Turma do Tribunal Regional Federal da 3ª Região, nos termos dos votos constantes dos autos e na conformidade da ata de julgamento, que ficam fazendo parte integrante do presente julgado, por unanimidade, em *negar provimento* ao recurso da Defesa do apelante Edgard Baron, mantendo a sua condenação, bem como *dar provimento* ao recurso do Ministério Público Federal, para majorar a pena-base imposta em primeiro grau ao apelado Edgard Baron, tornando, então, definitiva a reprimenda corporal a ser cumprida pelo apelado, à pena de *dois anos e oito meses* de reclusão, mais o pagamento de *14 dias-multa*, no valor arbitrado na sentença, mantendo o regime inicial aberto para cumprimento da pena e a substituição da pena corporal por restritiva de direitos, consistente em prestação de serviços à comunidade pelo mesmo tempo de duração da pena privativa de liberdade, ora revista, bem como aumentar a pena pecuniária substitutiva imposta de *10 para 15 salários-mínimos*, mantendo-se a r. sentença condenatória de primeiro grau nos demais termos em que lançada.

São Paulo, 12 de maio de 2014 – *Paulo Fontes*, Des. Federal.

(D) Tribunal Regional Federal da 4ª Região

(1) ACr 5000416-82.2011.404.7004-PR

Ementa: Penal – Crime contra ordem tributária – Rendimentos pela venda de produtos cosméticos pela Internet não declarados ao Fisco – Supressão de tributos – Art. 1º, inciso I, da Lei n. 8.137/1990 – Elementos objetivos e subjetivos do delito caracterizados – Dolo – Presença Dosimetria. – Manutenção do *decisum*. 1. Evidenciado que os réus omitiram informações obrigatórias ao Fisco em relação à pessoa jurídica da qual eram sócios, suprimindo impostos nos anos-bases descrito na peça acusatória, impõe-se sua condenação às penas do art. 1º, I, da Lei n. 8.137/1990. 2. As provas carreadas aos autos são claras a demonstrar a materialidade, autoria e dolo dos agentes. 3. O elemento subjetivo do tipo consubstancia-se no dolo genérico consistente na vontade livre e consciente de suprimir ou reduzir tributo por intermédio das condutas referidas no dispositivo legal. 4. Basta para configuração do crime de sonegação fiscal, por se tratar de tipo múltiplo, a omissão à autoridade fazendária, com decorrente redução de tributo, sem que haja a necessidade de se indagar se houve ou não a intenção especial do acusado em reduzir tributo. Ou seja: a conduta de omitir a informação ou de informar à autoridade fazendária dados imprecisos e inidôneos a fim de suprimir tributos demonstra a intenção de sonegar. 5. No caso dos autos, as provas são claras a indicar que os acusados, na condição de sócios da empresa de sua propriedade, movimentaram, via conta bancária, valores oriundos de vendas informais de cosméticos pela Internet sem proceder à devida declaração das receitas ao Fisco. 6. O fato de os réus terem tentado obter parcelamento dos valores evadidos do Fisco não tem o condão de exculpá-los, ante a ausência de qualquer pagamento da dívida, bem como porque os réus manifestaram intenção de pagamento somente em momento posterior à lavratura do auto de infração. 7. A dosimetria mostra-se irretocável, não carecendo de reparos.

ACÓRDÃO – Vistos, relatados e discutidos estes autos, em que são partes as acima indicadas: Decide a 7ª Turma do Tribunal Regional Federal da 4ª Região, por unanimidade, negar provimento ao recurso, nos termos do relatório, voto e notas taquigráficas, que integram o presente julgado.

Porto Alegre, 27 de maio de 2014 – *Salise Monteiro Sanchotene*, Relatora.

(2) ACr 5000158-82.2010.404.7109-RS

Ementa: Penal – Crime contra a ordem tributária – Quebra de sigilo bancário e Lei Complementar n. 105/2001 – Redução ou supressão de tributos federais – Autoria e materialidade demonstradas – Dosimetria da pena.

1. O STJ pacificou o entendimento de que a utilização de informações financeiras pelas autoridades fazendárias não viola o sigilo de dados bancários, em face do que dispõe não só o Código Tributário Nacional (art. 144, § 1º), mas também a Lei n. 9.311/1996 (art. 11, § 3º, com a redação introduzida pela Lei n. 10.174/2001) e a Lei Complementar n. 105/2001 (arts. 5º e 6º), inclusive podendo ser efetuada em relação a períodos anteriores à vigência das referidas leis.

2. Pratica o crime previsto no art. 1º, inciso I, da Lei n. 8.137/1990 aquele que opta, de forma livre e consciente, por omitir informação sobre receitas ou rendimentos auferidos através de depósitos recebidos em contas bancárias de terceiros.

3. Nos termos da Súmula n. 444/STJ: "*É vedada a utilização de inquéritos policiais e ações penais em curso para agravar a pena-base*". A personalidade do agente se mede por aspectos técnicos.

4. A pena de multa deve guardar simetria com a pena corporal imposta.

ACÓRDÃO – Vistos e relatados estes autos, em que são partes as acima indicadas: Decide a egrégia 8ª Turma do Tribunal Regional Federal da 4ª Região, por unanimidade, dar parcial provimento aos apelos, nos termos do relatório, votos e notas taquigráficas, que ficam fazendo parte do presente julgado.

Porto Alegre, 20 de março de 2013 – *Luiz Fernando Wowk Penteado*, Relator.

III - JURISPRUDÊNCIA DO SUPERIOR TRIBUNAL DE JUSTIÇA

(A) REsp/AgR 1.217.773-RS (2010/0196369-8)

Ementa: Agravo regimental no recurso especial – Crime contra a ordem tributária – 1. Fundamentos insuficientes para reformar a decisão agravada – 2. Violação ao art. 619 do CPP – Inexistência – Razões suficientes para fundamentar o acórdão – 3. Início da prescrição – Definição do lançamento do crédito tributário – 4. Movimentações financeiras incompatíveis com a Declaração de Imposto de Renda – Presunção relativa de omissão de receitas – 5. Ausência de dolo e de comprovação da propriedade dos valores depositados – Matérias que exigem reexame de provas – Enunciado n. 7/STJ – 6. Dosimetria – Consequências do crime – Vultoso valor do imposto sonegado – Aumento devidamente fundamentado – 7. Agravo regimental improvido.

1. O agravante não apresentou argumentos novos capazes de infirmar os fundamentos que alicerçaram a decisão agravada, razão que enseja a negativa de provimento ao agravo regimental.

2. Tendo o Tribunal de origem apresentado razões suficientes para embasar o acórdão, não há falar em violação ao art. 619 do CPP.

3. A fluência do prazo prescricional dos crimes contra a ordem tributária, previstos no art. 1º, incisos I a IV, da Lei n. 8.137/1990, nos termos da jurisprudência desta Corte, tem início somente após a constituição do crédito tributário, o que se dá com o encerramento do procedimento administrativo-fiscal e o lançamento definitivo.

4. A jurisprudência deste Tribunal Superior é firme no sentido de que a incompatibilidade entre os rendimentos informados na Declaração de Ajuste Anual e os valores efetivamente movimentados no ano-calendário caracteriza a presunção relativa de omissão de receita.

5. Afastar a natureza de renda dos valores movimentados ou, ainda, a ausência de dolo do recorrente exigiria o reexame do contexto fático-probatório, providência incabível em recurso especial, consoante o óbice contido no Verbete Sumular n. 7 deste STJ: "A pretensão de simples reexame de prova não enseja recurso especial".

6. O vultoso valor sonegado é considerado fundamento idôneo para amparar a majoração na primeira fase de fixação da pena, pois revela especial reprovabilidade da conduta, não inerente ao próprio tipo penal.

7. Agravo regimental a que se nega provimento.

ACÓRDÃO – Vistos, relatados e discutidos estes autos: Acordam os Ministros da 5ª Turma do Superior Tribunal de Justiça, na conformidade dos votos e das notas taquigráficas a seguir, por unanimidade, negar provimento ao agravo regimental. Os Srs. Mins. Moura Ribeiro, Regina Helena Costa, Laurita Vaz e Jorge Mussi votaram com o Sr. Ministro-Relator.

Brasília (DF), 20 de maio de 2014 (data do julgamento) – *Marco Aurélio Bellizze*, Relator.

(B) REsp 1.130.197-PR (2009/0118448-6)

Ementa: Penal – Processual penal – Apelação criminal – Art. 1º, I, da Lei n. 8.137/1990 – Preliminares afastadas – Irretroatividade da Lei n. 10.174/2001 – Esgotamento da instância administrativa – Materialidade e autoria comprovadas – Dolo.

1. Retroatividade da Lei n. 10.174/2001 e Lei Complementar n. 105/2001 – Crédito tributário constituído a partir de dados obtidos da movimentação financeira da empresa.

2. O crédito tributário lançado em face da empresa Biscayne Comercial Ltda. foi definitivamente constituído a partir da regular instauração dos procedimentos administrativos fiscais, circunstância que afasta a alegação de não esgotamento da esfera administrativa.

3. Afastada a alegação de nulidade por ausência de notificação do apelante acerca dos lançamentos realizados pela autoridade fazendária, porque, apesar de esta não ser a esfera adequada para se discutir eventual irregularidade no procedimento administrativo fiscal, há que se observar que aquela se deu na pessoa responsável pela administração da empresa na época em que foi realizada a ação fiscal – o síndica da massa falida.

4. Comprovadas a autoria e a materialidade do art. 1º, I e II, da Lei n. 8.137/1990, e inexistindo causas excludentes de culpabilidade ou antijuridicidade, deve ser mantida a sentença condenatória.

ACÓRDÃO – Vistos, relatados e discutidos os autos, em que são partes as acima indicadas: Acordam os Srs. Ministros da 5ª Turma do Superior Tribunal de Justiça, por unanimidade, em conhecer parcialmente do recurso e, nessa parte, em negar-lhe provimento.

Os Srs. Mins. Regina Helena Costa, Laurita Vaz, Jorge Mussi e Marco Aurélio Bellizze votaram com o Sr. Ministro-Relator.

Sustentaram oralmente na sessão de 3.12.2013: Dr. Marlus Heriberto Arns de Oliveira (pelo recorrente) e Ministério Público Federal.

Brasília (DF), 5 de dezembro de 2013 (data do julgamento) – *Moura Ribeiro*, Relator.

(C) REsp 1.178.381-MG (2010/0013948-5)

Ementa: Crimes contra a ordem tributária – Denúncia – Inépcia – N*ão ocorrência* – Preliminar rejeitada – Provas – Suficiência – Condenação mantida – Recurso desprovido. Se a narração dos fatos permite que fique caracterizada a ação do acusado, sem prejuízo para sua defesa ampla, é de se rejeitar a preliminar de inépcia da denúncia. Tendo restado cumpridamente provados os fatos atribu*í*dos ao réu, é de se manter a decisão que o condenou como incurso nas sanções do art. 11, II e IV, da Lei n. 8.137/1990.

ACÓRDÃO – Vistos, relatados e discutidos os autos, em que são partes as acima indicadas: Acordam os Srs. Ministros da 5ª Turma do Superior Tribunal de Justiça, por unanimidade, em conhecer do recurso, mas lhe em negar provimento.

Os Srs. Mins. Regina Helena Costa, Laurita Vaz, Jorge Mussi e Marco Aurélio Bellizze votaram com o Sr. Ministro-Relator.

Brasília (DF), 3 de dezembro de 2013 (data do julgamento) – *Moura Ribeiro*, Relator.

(D) REsp/ED/AgR 1.275.760-RS (2011/0211419-3)

Ementa: Agravo regimental nos embargos de declaração no recurso especial – Processual penal – Crime tributário – Art. 1º da Lei n. 8.137/1990 – Consumação do crime – Lançamento definitivo do débito tributário – Redução do prazo prescricional – Não ocorrência – Acusada que, à época do lançamento definitivo do débito, possuía idade superior a 21 anos – Agravo desprovido.

1. De acordo com o art. 557, *caput*, do CPC, combinado com o art. 3º do CPP, é possível que o relator negue seguimento ao recurso, com fundamento na jurisprudência dominante, de forma monocrática, o que não ofende o princípio da colegialidade – Precedentes.

2. Conforme a jurisprudência consolidada por este STJ, em consonância com o entendimento adotado pelo STF, os crimes previstos no art. 1º da Lei n. 8.137/1990 se consumam com a constituição definitiva do crédito tributário. Portanto, é nesse momento que deve ser aferida a idade do acusado para o fim de aplicação do disposto no art. 115 do CP.

3. No caso, o lançamento definitivo do débito ocorreu em *16.3.2007*, data em que a acusada, nascida em 18.7.1984, possuía *22 anos*.

Dessa forma, não se aplica a redução do prazo prescricional e, por conseguinte, não se verifica a ocorrência da prescrição da pretensão punitiva em nenhuma de suas modalidades.

4. Decisão agravada que se mantém por seus próprios fundamentos.

5. Agravo regimental desprovido.

ACÓRDÃO – Vistos, relatados e discutidos estes autos: Acordam os Ministros da 5ª Turma do Superior Tribunal de Justiça, na conformidade dos votos e das notas taquigráficas a seguir, por unanimidade, negar provimento ao agravo regimental.

Os Srs. Mins. Jorge Mussi, Marco Aurélio Bellizze, Moura Ribeiro e Regina Helena Costa votaram com a Sra. Ministra-Relatora.

Brasília (DF), 26 de novembro de 2013 (data do julgamento) – *Laurita Vaz*, Relatora.

(E) HC 171.223-SP (2010/0080301-2)

Ementa: Habeas corpus – Crimes tributários – Condenação – Suspensão do processo penal – Parcelamento do débito tributário – Matéria não apreciada na apelação – Supressão de instância – Não conhecimento – Verificação do REFIS – Direito do acusado expresso no art. 68 da Lei n. 11.941/2009.

1. Se a pretensão aqui formulada, suspensão pelo parcelamento do débito tributário, não foi examinada pelo Tribunal de origem, não constando do julgamento da apelação manejada pela Defesa, não pode ser enfrentada por esta Corte Superior de Justiça, sob pena de indevida supressão de instância.

2. No entanto, verificada a ocorrência do direito à suspensão, conforme expressa previsão legal (art. 68 da Lei n. 11.941/2009), já que informações da Receita Federal dão conta da existência do parcelamento,

resta evidente a flagrante ilegalidade, a ensejar a concessão de ofício de *habeas corpus*.

3. *Writ* não conhecido, porém concedida ordem de ofício para determinar a suspensão do feito criminal, cujos autos já se encontram nesta Corte sob a classe processual do AREsp n. 59.950-SP.

ACÓRDÃO – Vistos, relatados e discutidos os autos, em que são partes as acima indicadas, acordam os Ministros da 6ª Turma do Superior Tribunal de Justiça: A 6ª Turma, por unanimidade, não conheceu do pedido, expedindo, contudo, ordem de ofício, nos termos do voto da Sra. Ministra-Relatora.

Os Srs. Mins. Og Fernandes, Sebastião Reis Jr., Assusete Magalhães e Alderita Ramos de Oliveira (desembargadora convocada do TJPE) votaram com a Sra. Ministra-Relatora.

Brasília, 20 de agosto de 2013 (data do julgamento) – *Maria Thereza de Assis Moura*, Relatora.

(F) REsp/AgR 1.133.915-ES (2009/0134812-9)

Ementa: Agravo regimental no recurso especial – Crime contra a ordem tributária – Inexistência de lançamento definitivo do crédito tributário à época do oferecimento da denúncia – Trancamento da ação penal – Encerramento do procedimento administrativo-fiscal no curso da ação penal – Irrelevância – Precedentes do STJ – Agravo regimental improvido.

1. Nos crimes insertos no art. 1º da Lei n. 8.137/1990 o lançamento definitivo do crédito tributário é condição objetiva de procedibilidade da ação penal, ou seja, somente poderá ser iniciada referida ação após esse marco, quando, então, estará configurado o tipo penal.

2. Mesmo que já tenha ocorrido o encerramento da via administrativa durante o curso do processo judicial, tal fato não possibilita o prosseguimento da mesma ação penal, nos termos da jurisprudência do STJ, ressalvado ao *Parquet*, caso entenda necessário, o oferecimento de nova denúncia, ou a ratificação da denúncia já existente.

3. Agravo regimental improvido.

ACÓRDÃO – Vistos, relatados e discutidos os autos, em que são partes as acima indicadas: Acordam os Srs. Ministros da 5ª Turma do Superior Tribunal de Justiça, por unanimidade, em negar provimento ao agravo regimental.

Os Srs. Mins. Marilza Maynard (desembargadora convocada do TJ-SE), Laurita Vaz, Jorge Mussi e Marco Aurélio Bellizze votaram com o Sr. Ministro-Relator.

Brasília (DF), 4 de abril de 2013 (data do julgamento) – *Campos Marques* (Desembargador convocado do TJPR), Relator.

IV – JURISPRUDÊNCIA DO SUPREMO TRIBUNAL FEDERAL

(A) ROHC 120.751-DF

Ementa: Recurso ordinário em *habeas corpus* – Crime contra a ordem tributária – Art. 1º, I, da Lei n. 8.137/1990 – Inépcia da denúncia – Descrição individualizada das condutas – Ulterior sentença de mérito – Perda de objeto do *habeas corpus* no STJ.

1. A suscitada invalidade formal da denúncia atribuída à imprecisão na individualização da conduta imputada ao recorrente perde relevo com a superveniência de sentença de mérito proferida por Julgador imparcial, precedida de ampla cognição das provas e fatos da causa, sob o crivo do contraditório, concluindo-se pela responsabilidade criminal do recorrente e pela absolvição de coacusado – Precedente.

2. Recurso ordinário em *habeas corpus* a que se nega provimento.

ACÓRDÃO – Vistos, relatados e discutidos estes autos: Acordam os Ministros do Supremo Tribunal Federal, em 1ª Turma, sob a presidência do Sr. Min. Marco Aurélio, na conformidade da ata de julgamento e das notas taquigráficas, por maioria de votos, em negar provimento ao recurso ordinário em *habeas corpus*, nos termos do voto da Relatora, vencido o Sr. Min. Marco Aurélio. Ausente, justificadamente, o Sr. Min. Dias Toffoli.

Brasília, 25 de fevereiro de 2014 – *Rosa Weber*, Relatora.

(B) Extr 1.222 (República Federal da Alemanha)

Ementa: Extradição – República Federal da Alemanha – Promessa de reciprocidade – Atendimento dos requisitos formais – Dupla tipicidade e punibilidade – Crime contra a ordem tributária – Sonegação fiscal – Inexigibilidade de comprovação da constituição do crédito tributário para concessão do pedido extradicional – Inexistência de prescrição em ambos os ordenamentos jurídicos – Extraditando que cumpre pena por crime praticado no Brasil – Aplicação do art. 89 do Estatuto do Estrangeiro – Extradição deferida.

ACÓRDÃO – Vistos, relatados e discutidos estes autos: Acordam os Ministros do Supremo Tribunal Federal, em 2ª Turma, sob a presidência da Min. Carmen Lúcia, na conformidade da ata de julgamentos e das notas taquigráficas, por unanimidade, em deferir a extradição, nos termos do voto do Relator. Ausente, justificadamente, neste julgamento, o Sr. Min. Celso de Mello.

Brasília, 20 de agosto de 2013 – *Teori Zavascki*, Relator.

(C) HC 116.828-SP

Ementa: Habeas corpus – Crime contra a ordem tributária – Aplicação do princípio da insignificância – Tese não analisada pelo STJ – Impossibilidade de conhecimento pela Suprema Corte – Inadmissível supressão de instância – Precedentes – Não conhecimento do *writ* – Requerimento incidental de extinção da punibilidade do paciente pelo pagamento integral do débito tributário constituído – Possibilidade – Precedente – Ordem concedida de ofício.

1. Não tendo sido analisada pelo STJ defesa fundada no princípio da insignificância, é inviável a análise originária desse pedido pela Suprema Corte, sob pena de supressão de instância, em afronta às normas constitucionais de competência.

2. Não se conhece do *habeas corpus.*

3. O pagamento integral de débito – devidamente comprovado nos autos – empreendido pelo paciente em momento anterior ao trânsito em julgado da condenação que lhe foi imposta é causa de extinção de sua punibilidade, conforme opção político-criminal do legislador pátrio – Precedente.

4. Entendimento pessoal externado por ocasião do julgamento, em 9.5.2013, da AP n. 516/DF-ED pelo Tribunal Pleno, no sentido de que a Lei n. 12.382/2011, que regrou a extinção da punibilidade dos crimes tributários nas situações de parcelamento do débito tributário, não afetou o disposto no § 2º do art. 9º da Lei n. 10.684/2003, o qual prevê a extinção da punibilidade em razão do pagamento do débito a qualquer tempo.

5. Ordem concedida de ofício para declarar extinta a punibilidade do paciente.

ACÓRDÃO – Vistos, relatados e discutidos estes autos: Acordam os Ministros da 1ª Turma do Supremo Tribunal Federal, sob a presidência do Sr. Min. Luiz Fux, na conformidade da ata do julgamento e das notas taquigráficas, por unanimidade de votos, em não conhecer do *habeas corpus*, concedendo, no entanto, ordem de ofício, nos termos do voto do Relator.

Brasília, 18 de agosto de 2013 – *Dias Toffoli*, Relator.

(D) RE/AgR 575.071-SP

Ementa: Agravo regimental no recurso extraordinário – Preliminar quanto à validade constitucional da atribuição e competência conferida ao relator para, monocraticamente, negar trânsito a recursos, pedidos ou ações quando incabíveis, inviáveis ou contrários à jurisprudência desta Corte – Insubsistência da arguição – Questões de mérito – Crime tributário – Pagamento do tributo e consequente extinção da punibilidade – Aplicação retroativa da Lei federal n. 10.684/2003 – Precedentes da Corte – Agravo regimental não provido.

1. O art. 21, § 1º, do Regimento Interno expressamente dispõe estar incluída na esfera de atribuições do relator a competência para negar, monocraticamente, trânsito a recursos, pedidos ou ações quando incabíveis, inviáveis, intempestivos, sem objeto ou veiculem pretensão incompatível com a jurisprudência predominante, tendo o Plenário do STF declarado a validade constitucional deste dispositivo legal por ocasião do julgamento do MI n. 375 (AgR), relator o Min. Carlos Velloso, e MS n. 22.626 (AgR), relator o Min. Celso de Mello, acórdãos publicados na *RTJ* 139/53 e 168/174-175, respectivamente – Preliminar rejeitada.

2. A novel legislação penal que de qualquer modo beneficie o réu – *lex mitior* – tem incidência retroativa para alcançar os processos em curso, à vista do disposto no art. 5o, inciso XL, da CF, devendo o juiz, em face dos termos do art. 61, *caput*, do CPP, aplicá-la em qualquer fase do processo, e, se reconhecer extinta a punibilidade, há de declará-la e de deferir, *ex officio*, ordem de *habeas corpus*.

3. *In casu*, a Lei federal n. 10.684/2003, ao se referir a casos dos crimes descritos nos arts. 1º e 2º da Lei n. 8.137/1990, dispôs expressa-

mente em seu § 2º [*do art. 9º*] sobre a extinção da punibilidade dos crimes acima referidos quando a pessoa jurídica relacionada com o agente efetuar o pagamento integral dos débitos oriundos de tributos e contribuições sociais, inclusive acessórios, razão pela qual o TRF, ante a comprovação do pagamento do débito tributário pela pessoa jurídica à qual vinculados os agentes, declarou a extinção da punibilidade, o que está em consonância com a jurisprudência assente no STF: HC n. 81.828-0-RJ, redator para o acórdão o Min. Cézar Peluso, publicado no *DJU* de 27.2.2004, e HC n. 85.452, rel. Min. Eros Grau, j. 17.5.2005, *inter alia*.

4. Agravo regimental a que se nega provimento.

ACÓRDÃO – Vistos, relatados e discutidos estes autos: Acordam os Ministros da 1ª Turma do Supremo Tribunal Federal, sob a presidência do Sr. Min. Luiz Fux, na conformidade da ata de julgamento e das notas taquigráficas, por unanimidade de votos, em negar provimento ao agravo regimental, nos termos do voto do Relator.

Brasília, 5 de fevereiro de 2013 – *Luiz Fux,* Relator (*Documento Assinado Digitalmente)*

Bibliografia

ABRÃO, Carlos Henrique. *Processo Eletrônico.* 2ª ed. São Paulo, Ed. RT, 2009.

——————, *et al. Comentários à Lei de Recuperação de Empresas e Falências.* São Paulo, Saraiva, 2005; 2ª ed. São Paulo, Saraiva, 2007; São Paulo, Saraiva, 2009.

ALBUQUERQUE, Xavier de. "Crime tributário: extinção da punibilidade e arrependimento eficaz". *RT* 729. São Paulo, Ed. RT, 1996.

BALEEIRO, Aliomar. *Limitações Constitucionais ao Poder de Tributar.* 15ª ed., atualizada por Misabel Abreu Machado Derzi. Rio de Janeiro, Forense, 2004.

BECKER, Alfredo Augusto. *Teoria Geral do Direito Tributário.* 3ª ed. São Paulo, Lejus, 1998.

BOBBIO, Norberto. *O Futuro da Democracia.* 2ª ed. São Paulo, Paz e Terra-Política, 1986.

CAPEZ, Fernando. *Direito de Apelar em Liberdade.* 2ª ed. São Paulo, Ed. RT, 2003.

CARVALHO, Paulo de Barros. *Curso de Direito Tributário.* 14ª ed. São Paulo, Saraiva, 2002.

CASTILHO, Paulo César Baria de. *Confisco Tributário.* São Paulo, Ed. RT, 2002.

COÊLHO, Sacha Calmon Navarro, DERZI, Misabel, e THEODORO JR., Humberto. *Direito Tributário Contemporâneo.* São Paulo, Ed. RT, 1997.

COELHO, Walter. *Prova Indiciária em Matéria Criminal.* Porto Alegre/RS, Sérgio Antônio Fabris/Fundação Escola Superior do Ministério Público, 1996.

COMPARATO, Fábio Konder. Ética – *Direito, Moral e Religião no Mundo Moderno.* São Paulo, Cia. das Letras, 2006.

CONTI, José Maurício, e DEL-CAMPO, Eduardo Roberto Alcântara. "Crimes contra a ordem tributária". In: MARTINS, Ives Gandra da Silva (coord.). *Crimes Contra a Ordem Tributária.* 2ª ed. São Paulo, Ed. RT, 1996.

COSTA JR., Paulo José da, e DENARI, Zelmo. *Infrações Tributárias e Delitos Fiscais.* 2ª ed. São Paulo, Saraiva, 1996.

DECOMAIN, Pedro Roberto. *Crimes Contra a Ordem Tributária.* 3ª ed. Florianópolis, Obra Jurídica, 1997.

DEL-CAMPO, Eduardo Roberto Alcântara, e CONTI, José Maurício. "Crimes contra a ordem tributária". In: MARTINS, Ives Gandra da Silva (coord.). *Crimes Contra a Ordem Tributária*. 2ª ed. São Paulo, Ed. RT, 1996.

DENARI, Zelmo, e COSTA JR., Paulo José da. *Infrações Tributárias e Delitos Fiscais*. 2ª ed. São Paulo, Saraiva, 1996.

DERZI, Misabel, COÊLHO, Sacha Calmon Navarro, e THEODORO JR., Humberto. *Direito Tributário Contemporâneo*. São Paulo, Ed. RT, 1997.

DOTTI, René Ariel. *Reforma Penal Brasileira*. Rio de Janeiro, Forense, 1988.

FREITAS, Gilberto Passos de, e FREITAS, Vladimir Passos de. *Abuso de Autoridade*. 7ª ed. São Paulo, Ed. RT, 1997.

GALBRAITH, John Kenneth. *A Sociedade Justa*. Rio de Janeiro, Campus, 1996.

HARADA, Kiyoshi. *Aspectos Tributários da Nova Lei de Falências. Comentários à Lei Complementar n. 118/2005*. Curitiba, Juruá, 2005.

——————. "Processo cautelar em matéria tributária". In: MARTINS, Ives Gandra da Silva (coord.). *Processo Judicial Tributário*. São Paulo, Quartier Latin, 2005.

JORGE, William Wanderley. *Curso de Direito Penal Tributário, Parte Geral e Especial*. São Paulo, Millennium, 2007.

LISZT, Franz von. *Tratado de Derecho Penal*. 2ª ed., trad. da 20ª ed. alemã de Luis Jiménez Asúa. Madri, 1926.

MACHADO, Hugo de Brito. *Mandado de Segurança em Matéria Tributária*. 2ª ed. São Paulo, Ed. RT, 1994.

——————. "Prisão preventiva e os crimes contra a ordem tributária". *Migalhas* 14.7.2005.

—————— (coord.). *Sanções Penais Tributárias*. São Paulo/Fortaleza, Dialética/ICET, 2005.

MARTINS, Ives Gandra da Silva. *Sistema Tributário na Constituição de 1988*. São Paulo, Saraiva, 1990.

—————— *Uma Teoria do Tributo*. São Paulo, Quartier Latin, 2005.

—————— (coord.). *Crimes Contra a Ordem Tributária*. 2ª ed. São Paulo, Ed. RT, 1996.

—————— *Direitos Fundamentais do Contribuinte*. São Paulo, Centro de Extensão Universitária/Ed. RT, 2000.

—————— *Processo Judicial Tributário*. São Paulo, Quartier Latin, 2005.

MARTINS, Ives Gandra da Silva, e PASIN, João Bosco Coelho (coords.). *Direito Tributário Contemporâneo: Estudos em Homenagem a Luciano Amaro*. São Paulo, Saraiva, 2013.

MENDES, Gilmar Ferreira, *et al*. *Curso de Direito Constitucional*. São Paulo, Saraiva, 2007.

PASIN, João Bosco Coelho, e MARTINS, Ives Gandra da Silva (coords.). *Direito Tributário Contemporâneo: Estudos em Homenagem a Luciano Amaro*. São Paulo, Saraiva, 2013.

PINHEIRO, Alberto Xavier. *Os Princípios da Legalidade e da Tipicidade da Tributação*. São Paulo, Ed. RT, 1978.

RIOS, Rodrigo Sánchez. *O Crime Fiscal*. Porto Alegre/RS, Sérgio Antônio Fabris Editor, 1998.

ROSSI, Ângelo Rafael. *Crime de Sonegação Fiscal*. Rio de Janeiro, Editora Jurídica Universitária, 1967.

RUBINSTEIN, Flávio. *Boa-Fé Objetiva no Direito Financeiro e Tributário*. São Paulo, Quartier Latin, 2009.

SALOMÃO, Heloísa Estellita. *A Tutela Penal e as Obrigações Tributárias na Constituição Federal*. São Paulo, Ed. RT, 2001.

SAMPAIO DÓRIA, Antônio Roberto. *Elisão e Evasão Fiscal*. São Paulo, José Bushatsky/IBET, 1977.

SANTOS, Wanderley Guilherme dos. *O Ex-Leviatã Brasileiro*. Rio de Janeiro, Civilização Brasileira, 2006.

SOUZA, Rubens Gomes de. *Compêndio de Legislação Tributária*. 3ª ed. Rio de Janeiro, Financeiras, 1960.

THEODORO JR., Humberto, COÊLHO, Sacha Calmon Navarro, e DERZI, Misabel. *Direito Tributário Contemporâneo*. São Paulo, Ed. RT, 1997.

* * *

GRÁFICA PAYM
Tel. [11] 4392-3344
paym@graficapaym.com.br

00034